AF551897

Geheime Depots im Wismut-Schacht

1. Auflage Juli 2024

Lektorat: Christina Neuhaus
Satz und Layout: Karas Grafik, Wien
Umschlaggestaltung: Nicole Lechner

ISBN: 978-3-98992-020-0

Gerne senden wir Ihnen unser Verlagsverzeichnis
Kopp Verlag
Bertha-Benz-Straße 10
D-72108 Rottenburg
E-Mail: info@kopp-verlag.de
Tel.: (0 74 72) 98 06–10
Fax: (0 74 72) 98 06–11

Unser Buchprogramm finden Sie auch im Internet unter:
www.kopp-verlag.de

Mario Ulbrich
unter Mitarbeit von Andreas Förster

Geheime Depots im Wismut-Schacht

Wie die Stasi im Erzgebirge Milliarden versenkte

KOPP VERLAG

Stasimuseum Leipzig in der »Runden Ecke«

Inhalt

Büro eines
hauptamtlichen
MfS-Mitarbeiters

Vorwort

Ein Rätsel aus der Wendezeit

Im Jahr 1992 begann ich in der Lokalredaktion Zwickau der *Freien Presse* zu arbeiten, einer großen Tageszeitung in Sachsen, wo mir eine spannende Verschwörungstheorie zu Ohren kam. Es ging um die Stasi. In der DDR allgegenwärtig und nur hinter vorgehaltener Hand beflüstert, war das einst gefürchtete Mielke-Ministerium nunmehr in aller Munde und lieferte Stoff für brisante Enthüllungen und wilde Spekulationen.

Die Kollegen der Zwickauer Landredaktion erzählten mir damals folgende Geschichte: Vor ungefähr 2 Jahren seien bei Nacht und Nebel mehrere Lastkraftwagen nach Hartenstein gefahren und hätten geheime Akten des Ministeriums für Staatssicherheit in einem Wismut-Schacht versenkt. Die Leute vom »Neuen Forum« – der Bürgerrechtsbewegung in der DDR – seien total aus dem Häuschen gewesen.

Gemeint war der Schacht 311 bei Schneeberg. Die alte Bergstadt lag zwar im Nachbarlandkreis Aue, doch weil sich der Hauptförderschacht der Wismut, der Schacht 371, nahe der Kleinstadt Hartenstein am Südzipfel des Kreises Zwickau befand, sagten die Menschen in der Region meistens »die Wismut in Hartenstein«.

Ein weiterer Grund, weshalb sich die Zwickauer Lokalredaktion zuständig fühlte, war der Umstand, dass der Koordinator des Neuen Forums im Bezirk Karl-Marx-Stadt, Martin Böttger, in Cainsdorf bei Zwickau lebte, wodurch viele Nachrichten hier zusammenliefen.

Aber auch die Bürgerbewegung wusste nichts Genaues über die geheimen Aktivitäten der Stasi im Wismut-Reich und war auf Spekulationen und Buschfunkdurchsagen angewiesen.

Ich selbst hatte mit dieser Story nichts zu tun und nahm sie lediglich interessiert zur Kenntnis, so wie 4 Jahre später auch einen großen Artikel in

Kopfbedeckung eines Stasioffiziers

der *Berliner Zeitung,* geschrieben von Investigativ-Reporter Andreas Förster, der mit der Schlagzeile »Das Geheimnis von Schacht 311« überschrieben war. Andreas, den ich damals noch nicht persönlich kannte, war in den Besitz von Unterlagen gekommen, die belegten, dass ein hoher Stasioffizier im Jahr 1990 tatsächlich vorgeschlagen hatte, den eigentlich längst verschlossenen Wismut-Schacht 311 als Endlager für »Materialien des ehemaligen MfS/ANS« zu nutzen. Letztere Abkürzung (korrekt: AfNS) steht für das Amt für Nationale Sicherheit, das im November 1989 unter der Regierung Modrow für wenige Wochen der offizielle Stasinachfolger wurde.

Andreas' Artikel kam zu keinem endgültigen Ergebnis. Gerüchte und Verlautbarungen passten nicht so recht zusammen. Natürlich sind Gerüchte oft nicht mehr als Märchen mit einem mehr oder weniger wahren Kern, aber in diesem Fall ergaben auch die offiziellen Bekanntmachungen kein klares Bild, sodass der Kern der Klatschgeschichten um den Schacht 311 vielleicht doch härter war, als sich beweisen ließ.

Was damals weder meine Zwickauer Kollegen noch der Berliner Reporter wussten: Die Stasioperation zur Wendezeit in Schneeberg war nur der letzte Akt in einer Reihe von insgesamt drei Aktionen, bei denen Altgeld und Wertpapiere in alten Uranschächten entsorgt worden sind: 1983 im Schindlerschacht, 1984 im Schacht 311 und 1990 ein weiteres Mal im Schacht 311. Von diesen Vorgängen hatten nur wenige Insider Kenntnis.

Hinzu kamen einige zufällige Beobachter, denen schwer bewachte Transportkolonnen und abgeschirmte Aktivitäten aufgefallen waren. Ihre Aussagen enthielten jedoch widersprüchliche Informationen, die zum Teil auch heute noch die Runde machen. Zum Beispiel wird behauptet, es müsse Mitte der 1980er-Jahre mindestens zwei zeitgleiche Transporte gegeben haben, weil eine Kolonne aus Richtung Stützengrün nach Schneeberg hineingefahren sei und eine weitere aus Richtung Wildbach. Tatsächlich haben manche Augenzeugen die eine Kolonne gesehen, andere die zweite; jedoch lagen zwischen beiden Sichtungen 11 Monate. Nachdem das Ganze nun an die 40 Jahre zurückliegt, werden die Ereignisse von 1983 und 1984 heute mitunter zu einer Aktion vermengt. Während der Wendezeit wiederum wurde behauptet, am Schindlerschacht sei *vor 3 Jahren* ein geheimnisvoller Konvoi angekommen. Tatsächlich lag das, woran die Leute sich erinnerten, zu diesem Zeitpunkt bereits 6 Jahre zurück.

Was 1983 am Schindlerschacht und 1984 am Schacht 311 wirklich geschah, wurde durch das Ministerium für Staatssicherheit, das für die Sicherung der Transporte verantwortlich zeichnete, akribisch dokumentiert. Auch für das, was 1989 geplant war, gibt es ausreichend Belege. Die Beweiskette endet allerdings im Herbst 1989, als in der DDR die friedliche Revolution ausbrach und die Stasi plötzlich mehr mit dem Schreddern alter Akten als dem Anlegen neuer Dossiers zu tun hatte.

Der hier vorliegenden Darstellung liegen mehr als 500 Seiten Stasiakten sowie einige Dokumente zugrunde, die mir freundlicherweise durch die heutige Wismut GmbH zur Verfügung gestellt worden sind. Ergänzt wurde das Geschehen durch Zeitzeugeninterviews, wobei letztere sich teils schwierig gestalteten und am Ende wenig Neues beitrugen. Die regionalen Geheimnisträger der Wismut und der Bergsicherung Schneeberg, die damals dabei waren, sind inzwischen alle verstorben. Darüber hinaus gab es nur noch schätzungsweise zwei Dutzend Angehörige der Wismut und der Bergsicherung, die als Arbeitskräfte bei einer der insgesamt drei Aktionen zugegen waren. Ihre Namen sind in den Akten nicht verzeichnet oder wurden geschwärzt. Es gelang mir lediglich, einen dieser Männer zu identifizieren; ein Gespräch mit ihm kam jedoch nicht zustande. Auch zwei andere Personen, die *möglicherweise* über die Aktion von 1989/90 informiert waren, wollten sich nicht äußern.

Dieses Schweigen ist gelinde gesagt irritierend. Es sind fast 35 Jahre vergangen, die Stasi existiert nicht mehr, alle Geheimhaltungsauflagen sollten inzwischen nichtig sein. Dachte ich zumindest. Und überhaupt: Wenn 1990 wirklich nur das, was in Protokollen und Frachtbriefen verzeichnet ist, im Schacht 311 versenkt wurde, was gibt es da noch unter dem Deckel zu halten?

Insofern ist es vielleicht ein Fingerzeig, dass mein Kollege Andreas Förster **die** Stasiakten zu den drei Schneeberger Vernichtungsaktionen im Zusammenhang mit einem anderen Geheimnis gefunden hat, das uns beide beschäftigt: **dem** Poppenwald. In dem 80 Hektar großen Buchenforst zwischen Aue, Schneeberg und Hartenstein soll sich ja bekanntlich ein Depot aus den letzten Tagen des Dritten Reiches befinden, für das sich auch schon die Bernsteinzimmerfahnder der Stasi interessierten (siehe dazu mein Sachbuch *Rätselhafter Poppenwald*[1]).

Andreas war im Stasi-Unterlagen-Archiv Berlin auf der Suche nach Akten über den Poppenwald. Eine Sachbearbeiterin legte ihm dabei auch die Dokumente über die drei Wertpapiervernichtungsvorgänge vor, obwohl sich diese erst 40 Jahre nach dem Zweiten Weltkrieg abgespielt hatten. Das Bindeglied zwischen all diesen Ereignissen ist allerdings in der Tat der Wald: 1984 kam der Transportzug am Eisenbahnhaltepunkt »Poppenwald« bei Niederschlema an. Die für den Weitertransport bereitstehenden Lkw fuhren danach unter anderem durch eben dieses Waldgebiet im Westerzgebirge. Letzteres traf vielleicht auch auf die 1990 eingesetzten Lastkraftwagen zu.

»Das ist doch eine prima Schlagzeile für dich«, meinte Andreas. »Jetzt nachgewiesen: Millionenwerte durch den Poppenwald transportiert.« In dem Zeitungsartikel, der daraus entstanden ist, habe ich diese augenzwinkernde Überschrift allerdings nicht verwendet, denn sie wäre leider falsch gewesen. Die Lastkraftwagen fuhren nämlich erst *nach ihrer Entladung* am Schacht 311 durch den Poppenwald zurück zum Bahnhof, also leer.

Aber: Selbst dieses unbedeutende Detail findet sich in den Stasiakten. Noch spannender ist natürlich die Frage: Was geschah ab dem Zeitpunkt, an dem die Akten enden?

Mario Ulbrich, Grünhain im Sommer 2024

Blick auf das Gelände des Schindlerschachts in Schneeberg.
Heute hat hier die Bergsicherung Sachsen ihren Sitz.

Prolog im Schindlerschacht

Zwei [redacted] streng geheime Transporte [redacted] im Dezember 1983

Aus Sicht der Stasi war in dieser Geheimoperation der Wurm drin. Allerdings begann die Pannenserie mit einem Hasen, der sich dem schwer bewachten Konvoi auf der Autobahn ohne Rücksicht auf Verluste in den Weg warf.

Es war der 20. Dezember 1983, ein Dienstag. Eine Kolonne aus elf Fahrzeugen befand sich von Leipzig aus auf dem Weg ins Erzgebirge: sechs olivgrüne W50-Sattelauflieger, eskortiert von drei Barkas-B-1000-Kleinbussen, Letztere besetzt mit 23 Angehörigen des Berliner Wachregiments »Feliks Dzierzynski«. Die Dzierzynski-Soldaten galten als die militärische Elite des Ministeriums für Staatssicherheit (MfS). Für diesen Einsatz waren sie mit Kalaschnikow-Sturmgewehren ausgerüstet, ihre beiden befehlshabenden Offiziere trugen Makarow-Pistolen am Koppel.

Den Schluss der Kolonne bildete ein Robur-Bus mit 15 weiteren Männern, denen es bei der Erfüllung dieses Auftrags vor allem zukam, ihre Muskeln spielen zu lassen. Vorneweg fuhr ein Lada mit drei Offizieren der Stasihauptabteilung XVIII, die für den Schutz der DDR-Volkswirtschaft zuständig war.

Die Aktion war tags zuvor in Berlin angelaufen. Nach einem Zwischenstopp in Leipzig in der Johannisgasse 16, nur 200 Meter vom Gewandhaus entfernt, hatten die Fahrzeuge des Konvois in den Morgenstunden erneut die Motoren angelassen. Ihr Ziel war jetzt Schneeberg. Bis hierher war alles wie am Schnürchen gelaufen. Aber dann kam der Hase.

Etwa 20 Kilometer von Leipzig entfernt flitzte er über die Autobahn und geriet unter einen der schwerbeladenen Lkw. Das Tier überlebte den Zusammenstoß nicht, aber die Kolonne musste Halt machen. Ein 2 Wochen später gefertigtes Stasiprotokoll vermerkt als Unfallfolge eine »technische Panne«, die zu einer 30-minütigen Fahrtunterbrechung führte. Der bewaffnete Begleitschutz hatte absolut nichts dagegen tun können.

Nach einer Rast etwa 15 Kilometer vor Karl-Marx-Stadt (heute Chemnitz) sprang einer der B 1000 nicht mehr an und musste bis Schneeberg an den Abschlepphaken des Robur-Busses genommen werden. Feixen bei den Muskelmännern, die bis dahin neidisch auf die Sicherungskräfte geschaut hatten, denen diese vermeintlich prestigeträchtigere Aufgabe zugeteilt geworden war.

An der Autobahnabfahrt Reichenbach bog die Kolonne auf die Fernverkehrsstraße 169 ab und rollte über Rodewisch und Wernesgrün durch Stützengrün und Hundshübel bis zur Stadtgrenze von Schneeberg, wo sich eine Kaserne der Nationalen Volksarmee (NVA) befand.

Gleich nebenan zogen in diesen Tagen Bauarbeiter neue Plattenbauten für das Wohngebiet »Hohes Gebirge« hoch. Im Bereich der Baustelle war die Straße gesperrt. Die Fahrer der Militärlaster ignorierten die Warnschilder. »Die Strecke wurde von der Kolonne ohne Behinderung durchfahren«, vermeldete der Transportverantwortliche, Unterleutnant Schönrock von der Hauptabteilung XVIII, später in seinem Abschlussbericht.

Die Bauarbeiter konnten nicht sehen, wohin die Lkw entschwanden, aber sie hatten genug mitbekommen, um sich ihren eigenen Reim auf das Geschehen zu machen.

In der Schneeberger Kaserne wurden seit kurzem Unteroffiziere an Raketen ausgebildet. Es war die Zeit des Nato-Doppelbeschlusses. Erst einen Monat zuvor hatte der Bundestag der BRD der umstrittenen Stationierung neuer Mittelstreckenraketen mit Atomsprengköpfen (Pershing II) auf westdeutschem Territorium zugestimmt. Es schien logisch, dass die Warschauer Vertragsstaaten reagieren würden, auch auf dem Gebiet der DDR. Und in dieser Situation tauchten in der Nähe einer Kaserne mit einer eigenen Raketenabteilung schwer beladene und scharf bewachte Militärtransporter auf. Was konnte das schon bedeuten?

Tags darauf, am Mittwoch, den 21. Dezember 1983, rollten die Lastkraftwagen ein weiteres Mal von Stützengrün aus kommend an der Wohngebietsbaustelle vorbei. Transportleiter Schönrock hatte kurz zuvor eine weitere Panne verkraften müssen: An der Autobahnabfahrt Reichenbach ließ er einen Lkw mit einem Platten sowie mehrere Soldaten zu seiner Bewachung zurück. Nun kam auch noch Pech dazu, denn diesmal traf die Kolonne auf Bauarbeiter, die sich für Friedenskämpfer hielten.

»Durch einen Arbeiter wurde ein Stahlgestell von circa 3 Metern Länge und 1,50 Metern Höhe auf die Straße gekippt«, schrieb der Stasioffizier später in seinen Bericht. Doch auch ohne diesen Affront gab es kein Durchkommen, denn zusätzlich versperrte ein Tieflader mit Fertigteilen die Durchfahrt. Arbeiter entluden mithilfe eines Drehkrans die im Wohnungsbaukombinat »Wilhelm Pieck« Karl-Marx-Stadt gegossenen Betonplatten – und sie ließen sich viel Zeit damit.

Der Fahrzeugkonvoi kam zum Stehen. Soldaten des Wachregiments sprangen aus den B 1000 und sicherten die Ladung. Schönrock lief zum Kran und »versuchte, die Durchfahrt der Kolonne zu erreichen«. In seinem Bericht verwies der Unterleutnant darauf, dass die Arbeiter »sich weigerten«.

Anscheinend besaßen sie nicht die Befugnis, einen Tieflader mit wohnungspolitisch bedeutsamen Fertigteilen einfach zur Seite zu fahren und damit den weiteren Aufbau des Sozialismus in Schneeberg zu verzögern. Das schien Schönrock sogar einzuleuchten, denn er begab sich auf die Suche nach dem Bauleiter, dessen Aufenthaltsort ihm »bereitwillig erklärt« wurde.

Bloß waren in dem Bauwagen weder der Bauleiter noch sein Stellvertreter anzutreffen. Ein Polier erklärte dem Offizier, beide seien »zu einer Beratung gegangen und nicht auf der Baustelle«. Wann sie wiederkämen? Keine Ahnung. Ob der Brigadier die Arbeiter vielleicht anweisen könne, das Eisengestell und den Tieflader von der Straße zu entfernen? Konnte er nicht, da die widerspenstigen Männer nicht in seinen Verantwortungsbereich gehörten. Er könne mithin keinen Einfluss auf sie nehmen, behauptete er.

Zähneknirschend lief Schönrock zurück zum Kran und forderte die Arbeiter erneut auf, die Straße zu räumen. »Daraufhin wurde mir geantwortet, das Entladen dauere noch circa eine halbe Stunde, die Standgebühren für die Zugmaschine wären zu hoch, und die Raketen, die wir transportieren, hätten diese halbe Stunde auch noch Zeit«, berichtete der Stasioffizier später an seinen Vorgesetzten. Er verstand nur Bahnhof.

Da die schwerfälligen Sattelauflieger (Traglast 25 Tonnen) auf der Fahrbahn nicht wenden konnten, ließ er sie langsam auf die F 196 zurückstoßen. Anstatt die Durchfahrt auf der gesperrten Straße zu erzwingen, nahm die Kolonne nun die reguläre Umleitung um die Baustelle herum.

Das ging beim ersten Mal gut.

Als Schönrock 5 Stunden später den inzwischen reparierten Sattelzug von der Autobahnanschlussstelle Reichenbach heranführen ließ, raste am Ende der Umleitung plötzlich ein Baufahrzeug auf die Kreuzung, wobei es der kleinen Kolonne die Vorfahrt nahm. In den Augen der Stasi ein klarer Akt der Aggression. Den Genossen vom Wachregiment platzte die Hutschnur. Die Begleitmannschaft sprang mit schussbereiten Kalaschnikows aus ihrem B 1000, der Kipperfahrer ergriff die Flucht.

Erst Mitte Januar erfuhr Transportleiter Schönrock, was die Bauarbeiter in Schneeberg 3 Wochen zuvor geritten hatte, sich dem allmächtigen MfS in den Weg zu stellen, und was es mit der kryptischen Bemerkung über einen Raketentransport auf sich hatte. Am 11. Januar 1984 waren der Unterleutnant und sein Vorgesetzter, Major Mein, zu Besuch bei Oberstleutnant Heinz Hattann, dem Leiter der Stasikreisdienststelle Aue. Es war eine Art Canossagang, bei dem die Genossen aus Berlin Abbitte für überzogene Geheimhaltung leisten mussten.

Hattann war sauer. Weder seine Dienststelle noch die Bezirksverwaltung des MfS in Karl-Marx-Stadt waren vorab über den Geheimtransport nach Schneeberg in Kenntnis gesetzt worden. Die Genossen aus der Hauptstadt

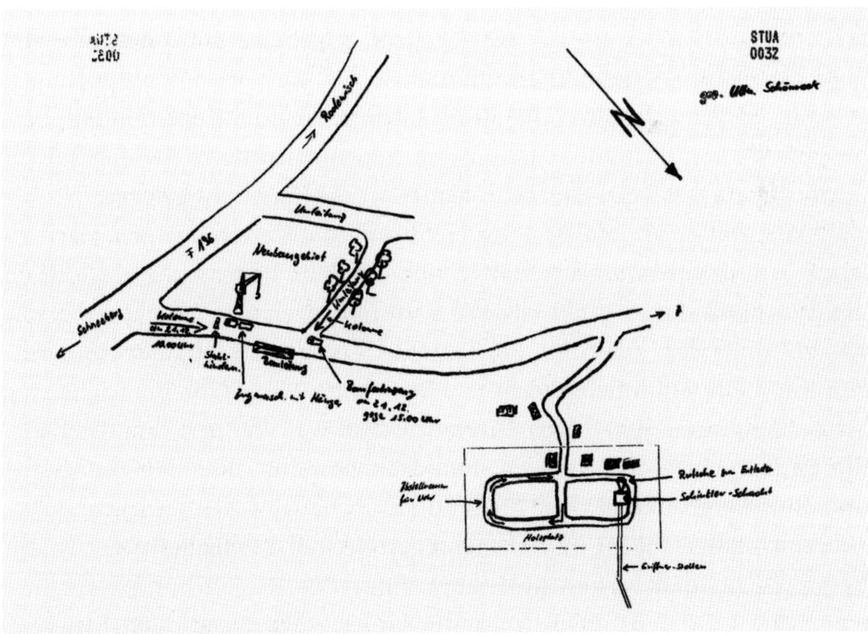

Diese Skizze fertigte der Transportleiter zum Ärger mit Bauarbeitern im Schneeberger Neubaugebiet Hohes Gebirge an

hatten sogar zwei verdeckte Dienstreisen ins Revier der Provinztschekisten[2] unternommen, um ihre Aktion vorzubereiten. Lediglich der Direktor der Bergsicherung Schneeberg, Gerd Clauß, war im Bilde gewesen – und hatte gegenüber dem Kreis-MfS wochenlang dichtgehalten. Ganz offensichtlich war er von den Berlinern zu strengstem Stillschweigen verdonnert worden. Ans Licht gekommen war deren Husarenritt am Ende nur, weil der Ärger mit den aufmüpfigen Bauarbeitern – im Stasijargon ein »Vorkommnis« – in Unterleutnant Schönrocks Abschlussbericht an prominenter Stelle erwähnt wurde.

Nun waren Erklärungen fällig.

Hattann dürfte sich eine gewisse Schadenfreude verkniffen haben, als er den Genossen aus der Zentrale auseinandersetzte, dass in der Schneeberger Kaserne Unteroffiziere an Flugabwehrraketen ausgebildet wurden. Diese Marschflugkörper trugen zwar keine Atomsprengköpfe, doch im Kontext mit der Weltlage ergab der Verdacht der Bauleute, die sich mit einem militärisch anmutenden Schwerlasttransport konfrontiert sahen, durchaus Sinn. Heute würde man von einer Verschwörungstheorie sprechen, damals nannte man es einfach ein Gerücht. Mit besseren Vorkenntnissen über die örtlichen Befindlichkeiten sowie die an beiden Transporttagen geltende Umleitung hätten die Stasitransporteure eine Konfrontation vermeiden können. Hattanns Haltung im nun notwendigen Krisengespräch dürfte vorwurfsvoll gewesen sein: Hättet ihr doch mal uns gefragt …

Danach war es an den Berliner Genossen, die Karten auf den Tisch zu legen. Wie sich herausstellte, hatten sich die Bauarbeiter auch hinsichtlich des Ziels der Kolonne getäuscht. Die Lastkraftwagen waren nicht zur NVA-Kaserne unterwegs gewesen, sondern zum Schindlerschacht, der einen halben Kilometer Luftlinie entfernt lag. Dort hatte damals die Bergsicherung Schneeberg ihren Sitz. Deren Direktor Clauß war von den Hauptstädtern nur deshalb eingeweiht worden, weil die Operation ohne den Hausherrn und ohne Bergbaukenntnisse nicht durchführbar gewesen wäre.

Der Schindlerschacht im Schneeberger Ortsteil Wolfgangmaßen ist ein Bergwerk aus dem späten Mittelalter. Ende des 15. Jahrhunderts wurde hier Silber gefunden, 100 Jahre später förderten Bergleute Kobalt zutage. In der wilden Zeit der Wismut, von 1948 bis 1956, folgte der Abbau von Uran. Damals lautete die Bezeichnung der Grube »Schacht 72«, doch der

Name »Schindlerschacht« hat sich bis heute gehalten. Seine größte Tiefe beträgt 255 Meter. Nach dem Ende der Uranförderung war in circa 70 Metern Tiefe eine Betonplombe eingezogen worden. Eine Münze, die man im Dezember 1983 in die Schachtröhre warf, erzeugte nach etwa 4 Sekunden ein leises Klimpern. Und tatsächlich hatte die Stasi genau das getan: Sie hatte Geld im Schindlerschacht versenkt, allerdings keine Münzen, sondern Scheine.

Der Ort, von dem aus die Transportkolonne sich in aller Herrgottsfrühe auf den Weg gemacht hatte, war der VEB Wertpapierdruckerei Leipzig. Dieser Betrieb produzierte sämtliche Banknoten und Pässe der DDR. Und nicht nur die. Gegen Devisen wurden hier auch Geldscheine und Ausweisdokumente für andere sozialistische Staaten gefertigt (mehr dazu in Kapitel II »Geld für die Welt: Die Werttransporte des MfS«).

Das Drucken von Banknoten gilt als Königsdisziplin der Wertpapierherstellung, weil in mehreren Durchgängen verschiedene Verfahren zur Anwendung kommen. Nach dem Untergrunddesign folgt beispielsweise ein Stichtiefdruck, bei dem Farbe leicht erhaben aufs Papier gebracht werden muss. Hologramme werden mit einem Heißprägeverfahren auf den Schein gedampft und Kippeffekte mit Farbwechsel durch das Siebdruckverfahren erzeugt. Kurzum: Eine Banknote ist ein komplexes Ding, und bei ihrer Herstellung kann schon mal etwas schiefgehen.

Alle paar Jahre stapelte sich diese Makulatur in den Lagern der Druckerei. Einfach in den Müll werfen kam nicht infrage. Zu groß war die Angst der verantwortlichen Genossen, dass ein Finder mit leicht vermurksten, auf den ersten Blick aber eben doch echt aussehenden Scheinen Schindluder treiben könnte. Ein Recycling des Spezialpapiers war damals noch nicht möglich, und zum Schreddern und Verbrennen fehlten in der DDR die Kapazitäten (siehe Kapitel III »Generalstabsmäßig durchgeplant: Die Aktion ›Vernichtung‹ im November 1984«).

Allein im Dezember 1983 ging es um rund 200 Tonnen Wertpapierabfälle. Im Ministerium der Finanzen war man daher auf eine andere Idee gekommen: Ab in den Schacht damit! Da für Werttransporte innerhalb der DDR das MfS mit seinem Wachregiment zuständig war, wurde aus der Abfalllieferung ein hochgeheimer Militärkonvoi. Stasi – das hieß immer höchste Konspiration.

Obwohl die Genossen von der Hauptabteilung XVIII den Leiter der MfS-Kreisdienststelle am Ende doch noch informieren mussten, taten sie das anscheinend nur höchst widerwillig und unter Zündung verbaler Nebelgranaten.

Nach dem Gespräch meldete Oberstleutnant Hattann an seinen Vorgesetzten in Karl-Marx-Stadt, Generalmajor Siegfried Gehlert, nicht etwa kurz und bündig, dass im Schindlerschacht 200 Tonnen Ausschussgeld abgekippt wurden. Stattdessen schrieb er, es habe sich um »Wertpapiere geheim zu haltenden Charakters des Ministeriums der Finanzen der DDR über ökonomische und finanzpolitische Geschäfte und Beziehungen der DDR mit Entwicklungsländern« gehandelt.

Derart verklausuliert hatten es ihm die Genossen Schönrock und Mein vermutlich dargelegt. Sämtliche Bestandteile dieser so wortreich wie vage gehaltenen Unterrichtung spielten im Hintergrund des klammheimlichen Entsorgungsauftrags zwar eine Rolle, wie wir noch sehen werden, doch Hattanns Meldung brachte die Wahrheit nicht auf den Punkt.

In einem nachgereichten Informationsschreiben wurde die Berliner Zentrale gegenüber der MfS-Bezirksverwaltung später etwas deutlicher. Dort war von »circa 200 Tonnen nichtverwendungsfähigen Geldes aus der Produktion der VEB Wertpapierdruckerei Leipzig« die Rede. Der Stasibezirkschef durfte offenbar ein wenig mehr wissen als sein Kreisleiter.

Aufgrund des »Bauarbeiteraufstandes« von Schneeberg band Berlin die Dienststellen in Karl-Marx-Stadt und Aue in die späteren Geldvernichtungsaktionen im Westerzgebirge ein. Allerdings wurde noch immer höchste Heimlichtuerei praktiziert. Jürgen Tschiedel, früher Major der Staatssicherheit in der Kreisdienststelle Aue, sagte dem Autor, er habe zwar gehört, dass es solche Maßnahmen in alten Schächten gegeben habe, »aber bis zum Ende meiner Dienstzeit habe ich nichts Konkretes darüber erfahren. Da herrschte auch innerhalb unserer Dienststelle strikte Geheimhaltung.«

Ein anderer ehemaliger Offizier des MfS in Aue, von dem es hieß, er sei möglicherweise an den beiden späteren Aktionen beteiligt gewesen, ließ den Autor zwar wissen, dass vor allem über die Operation von 1989/90 »viel Blödsinn erzählt« worden sei. Zum tatsächlichen Geschehen ließ der Mann sich jedoch auch 3½ Jahrzehnte nach dem Ende der Stasi im In-

Blick aufs Gelände des Schindlerschachts. Unter dem Holzgebäude befindet sich heute die Schachtöffnung.

terview nicht dazu bewegen, eine Stellungnahme dazu abzugeben: »Damit möchte ich nichts zu tun haben.«

Welche Geldscheine im Dezember 1983 konkret im Schindlerschacht entsorgt worden sind, geht auch aus den erhalten gebliebenen Stasiakten nicht eindeutig hervor. Eine an den Einsatzbericht von Unterleutnant Schönrock geheftete Aktennotiz legt nahe, dass es sich um Mark der DDR, vietnamesische Dong, angolanische Kwanzas und mosambikanische Meticais handelte.

Am Schindlerschacht hatte die Bergsicherung eine Rutsche installiert. Nacheinander rollten die Lkw an die Schachtöffnung. Nun schlug die Stunde der fünfzehn Muskelmänner aus dem Robur-Bus: Sie waren als Ver- und Entladekräfte mitgeschickt worden und warfen das Ausschussgeld in die Schachtröhre. Wie dieses verpackt war, geht aus den Stasiunterlagen nicht hervor. Wahrscheinlich ist, dass es sich um Papiersäcke handelte. Bei einer weiteren Entsorgungsaktion von Geldmakulatur aus der Wertpapierdruckerei 7 Jahre später kamen laut einer Bescheinigung jedenfalls »Säcke aus Papier« zum Einsatz. Es ist anzunehmen, dass das 1983 nicht anders war.

Während die wertlosen Scheine über die Rutsche in der Tiefe verschwanden, herrschte weiterhin höchste Geheimhaltungsstufe. So berichten Anwohner, dass das Gelände damals abgeriegelt worden sei. Außer den ankommenden Lastkraftwagen habe man nichts sehen können. Die meisten Beschäftigten der Bergsicherung, deren Betriebsgebäude ja direkt neben dem Schindlerschacht stand, seien für die Dauer der Aktion »in den Urlaub geschickt« worden.

Trotzdem müssen einige Angehörige des bergmännischen Personals etwas mitbekommen haben. Schließlich oblag es ihnen, die Schachtröhre später mit einer zweiten 6 Meter dicken Betonplombe zu verschließen. Ein ehemaliger Mitarbeiter erzählt noch heute, einige der verkippten »Dokumente« seien aus der Öffnung des 400 Meter entfernten Griefner-

Zugang zum Griefner-Stollen. Hier sollen 1983 Wertpapiere ins Freie geweht worden sein. Im Stasi-Bericht steht nichts davon.

Stollens ins Freie geweht worden. Er und ein Kollege seien daher angewiesen worden, Stahlplatten vor das Mundloch des Stollens, also seinen Ein- und Ausgang, zu schweißen.

Im Bekanntenkreis gibt der Mann diese Geschichte bereitwillig zum Besten, mit dem Autor wollte er jedoch nicht über sein Erlebnis reden. Mitarbeiter der Bergsicherung Sachsen, die heute das Schachtgelände nutzt, bemühten sich, einen Kontakt zu dem Stahlplattenschweißer herzustellen. Obwohl er ihnen bekannt war, gelang dies nicht. Erneut begegnen wir also einer sonderbaren Schweigsamkeit angesichts einer Stasioperation, über die man heute eigentlich nur noch schmunzeln sollte.

Die Sache mit dem Griefner-Stollen war die: Er verläuft im Untergrund der Schneeberger Bergbaulandschaft, ist etwa 10 Kilometer lang und diente ursprünglich als Entwässerungsstollen. Später leitete er Wasser zu mehreren Gruben, mit dem dort Maschinen und Anlagen angetrieben wurden. Zum Zeitpunkt der Geldentsorgung besaß der Griefner-Stollen auch eine offene Verbindung zum Schindlerschacht. In dessen Schachtwand befand sich in schätzungsweise 60 Metern Tiefe ein Loch – der Zugang zum Griefner-Stollen. Oder anders erklärt: Wer vom Griefner-Mundloch aus gut 400 Meter durch den nassen Stollen lief, musste aufpassen, dass er nicht in den Schindlerschacht stürzte. Nach 10 Metern Fall wäre er auf der damals bereits vorhandenen unteren Betonplombe aufgeschlagen.

Auch die Papiersäcke mit dem Geld landeten unsanft auf der Plombe. Einige platzten auf, Scheine wirbelten umher, wurden vom Luftzug erfasst und in den Griefner-Stollen emporgeweht. Die anwesenden Mitarbeiter der Bergsicherung, die sich mit den Gegebenheiten der Untertagewelt auskannten, hatten das offenbar vorhergesehen, denn Transportleiter Schönrock schreibt in seinem Bericht, dass er zusammen mit einem Genossen des Wachregiments sowie dem Direktor der Bergsicherung und dessen Stellvertreter den Stollen abgesucht habe. Dabei seien »nur sehr geringe Mengen des zu verschüttenden Materials in der Mündung des Stollens zum Schacht« festgestellt worden – also weit vom Stolleneingang entfernt.

Aus dem Bericht geht auch hervor, dass man das verwehte Material an diesem Tag liegengelassen hat, weil am darauffolgenden Mittwoch ja noch Teil zwei der Entsorgung erfolgen sollte. Möglicherweise hat der Direktor der Bergsicherung auf eigene Faust zwei seiner Leute angewiesen, das Gitter an der Stollenöffnung vorsorglich mit Stahlplatten zu sichern, ganz im Sinne der übertriebenen Geheimhaltung. In den Stasiakten findet sich darauf allerdings kein Hinweis.

Am nächsten Tag wurde die zweite aus Leipzig herangekarrte Geldladung in den Schindlerschacht geworfen. Wieder platzten Säcke, und erneut wurden Geldscheine in den Stollen geblasen. Dieser Effekt verstärkte sich durch mehrere Lkw-Ladungen Sand und Steine, die ebenfalls in den Schacht gekippt wurden, um die Banknoten zu bedecken. Der Aufprall erzeugte Luftwirbel, welche die Papierabfälle durch den Griefner-Stollen wehten. Schon die erste Geldladung tags zuvor war mit einer Zwischenschicht aus Sand- und Steinmassen bedeckt worden, und auch dabei müssen Verwirbelungen entstanden sein.

Was am Ende wo lag, geht aus Schönrocks Bericht nicht genau hervor, weil der Stasioffizier, der kein Bergmann war, den Unterschied zwischen einem Schacht, der senkrecht in die Tiefe führt, und einem Stollen, der horizontal in den Berg hineingetrieben wird, nicht kannte und mitunter den Begriff »Stollen« benutzte, wenn es eigentlich »Schacht« hätte heißen müssen. Allerdings formulierte er deutlich, dass das am weitesten in den Griefner-Stollen gewehte Material etwa 200 Meter vor der Mündung zum Schindlerschacht lag. Um ins Freie zu flattern, fehlten also noch weitere 200 Meter.

Marek Nesrsta, heute Prokurist bei der Bergsicherung Sachsen, hält die Stasiversion für nachvollziehbar: »Im Winter herrschen einziehende Wetter. Da würden Blätter eher im Berg gehalten. Bis zum Ausgang des Griefner-Stollens waren es 400 Meter. Dass etwas so weit getragen wird, ergibt erst im Frühjahr oder Sommer Sinn, wenn die Wetter umschlagen. Dann wäre es möglich, dass liegengebliebene Scheine bis nach draußen wirbeln.«

Transportleiter Schönrock berichtete an seine Vorgesetzten, nach dem Einbringen der letzten Steinschicht in die Schachtröhre habe er drei Genossen des Wachregiments in den Stollen befohlen, um »alle umherliegenden Teile des Materials« aufzusammeln. Sie seien zurück in den Schacht geworfen worden. »Diese Arbeit dauerte circa 2 Stunden und war gegen 18:00 Uhr beendet.«

Kein Ausschussgeld vor dem Griefner-Stollen also.

Oder hat die Stasi schlampig gearbeitet, sodass Monate später doch noch Scheine ins Freie flatterten? Das ist ein Detail, dass sich nicht endgültig klären lässt.

Nach der Aktion türmten sich laut Stasiprotokoll 7 Meter Sand und Steine auf der oberen Geldschicht. Dazu kam eine Betonplombe von 6 Metern Stärke. Der Rest des Schachts wurde mit Abraum aufgefüllt, um das Geheimnis, das eigentlich überhaupt nicht brisant war, für immer zu versiegeln.

Wirklich für immer?

Der Auer Stasichef Hattann hatte da so seine Zweifel. Nach dem Gespräch mit den Genossen von der Hauptabteilung XVIII wies er seinen Vorgesetzten, Generalmajor Gehlert, darauf hin, dass aus seiner Sicht »durchaus die Möglichkeit besteht, bei Erkundungs- und Sanierungsarbeiten in diesem Raum auf die im Schindlerschacht eingebrachten Dokumente zu stoßen«. Ein wenig wirkte das aber so, als sei Hattann noch immer verärgert und wolle lediglich das letzte Wort haben.

Betritt man heute das Schachtgebäude – ein aus Brettern gezimmertes Haus, das an eine Scheune erinnert (aber zusätzlich einen dekorativen Glockenturm besitzt) –, kann man durch ein Gitter am Boden 17 Meter in die Tiefe blicken. Ein Teil des Abraums wurde inzwischen wieder aus der Grube geholt, damit Besucher einen Eindruck von der Schachtröhre bekommen. Trotzdem müsste sich ein Schatzgräber noch mindestens 30 Meter durch Haufwerk und Beton hacken, um an die vermurksten Geldscheine zu gelangen, die bestenfalls einen gewissen exotischen Wert besitzen.

Und der Griefner-Stollen?

Dessen Mundloch ist leicht zu finden. Es befindet sich etwa 190 Meter östlich der Fundgrube Sauschwart hinter einem Gartenzaun, der Bergbauenthusiasten nur symbolisch Einhalt gebietet. Danach müsste man allerdings ein Gittertor und eine Eisentür überwinden. Die Aussicht auf Erfolg vergrößert das nicht wirklich. »Theoretisch könnten Sie durch den Griefner-Stollen bis zum Schindlerschacht laufen«, sagt Tobias Steinert, der Geschäftsführer der Bergsicherung Sachsen. »Aber dort stehen Sie dann vor einer mächtigen Betonsäule.«

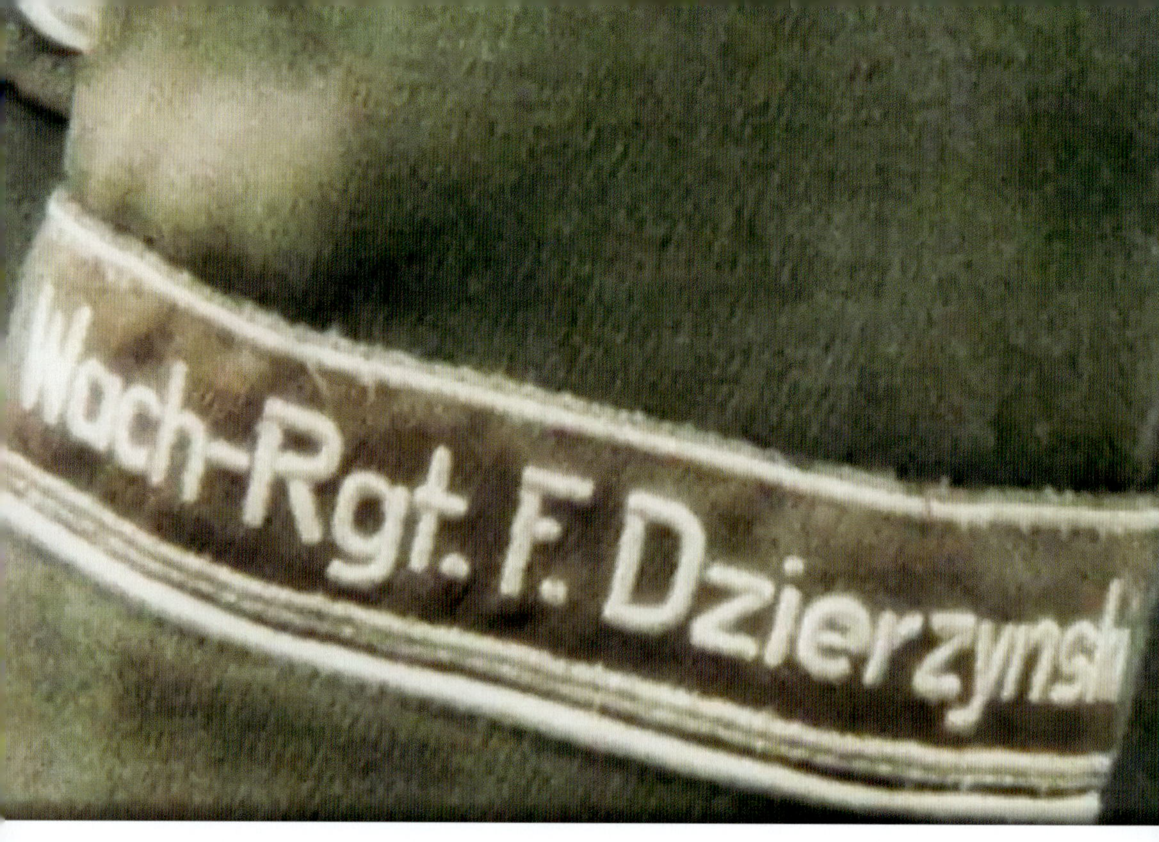

Eine weitgehend unbekannte Aufgabe der Soldaten des Wachregiments »Feliks Dzierzynski« bestand in der Sicherung von Werttransporten

Geld für die Welt

Die Werttransporte  des  MfS

Es mutet vielleicht verdächtig an, dass ausgerechnet das Ministerium für Staatssicherheit sich um die Entsorgung ausrangierter Geldscheine kümmerte und dass ein staatlicher Geheimdienst tonnenweise Druckereimakulatur auf Militärlastkraftwagen lud und, gesichert durch schwerbewaffnete Soldaten eines Eliteregiments, quer durchs Land kutschierte. Dahinter verbirgt sich jedoch kein großes Geheimnis, wenngleich die Stasi auf Schritt und Tritt eines daraus machte.

Seit der Gründung des MfS im Jahr 1950 gab es eine Abteilung, die über die Volkswirtschaft wachte. Deren Vorläufer im Ministerium des Innern, die »Hauptverwaltung zum Schutz der Volkswirtschaft«, hatte der spätere Stasiminister Erich Mielke noch persönlich geleitet. Im MfS lenkte dann zunächst die Hauptabteilung III sämtliche verfügbaren Augen auf die Wirtschaft. 1964 wurde sie in Hauptabteilung XVIII umbenannt. Ihren Mitarbeitern oblag es, Sabotageakte abzuwehren, Betriebe zu überwachen und das Volkseigentum zu schützen. Zum Volkseigentum zählten natürlich auch Wertpapiere, weshalb der Ministerrat der DDR ihren Transport (und den von Wertgegenständen) in die Obhut der Staatssicherheit legte.

Armeegeneral Mielke regelte die sich daraus ergebenden Verantwortlichkeiten innerhalb seines Ministeriums mit einem Befehl. Die Hauptabteilung XVIII (Volkswirtschaft) hatte die Termine und Transportrouten auszuknobeln und mit allen anderen Beteiligten abzustimmen. Das waren neben den jeweiligen »Bank- und Finanzorganen« vor allem die Hauptabteilung XIX (zuständig für Verkehr, Post und Nachrichtenwesen), die Hauptabteilung VII (zuständig für das Ministerium des Innern, die Volks- und die Kriminalpolizei) sowie die Hauptabteilung PS (Personenschutz).

Der Hauptabteilung XIX oblag dabei speziell die Sicherung von Wertpapieren (und Wertgegenständen) anderer sozialistischer Staaten, während diese durch die DDR transportiert wurden und dabei beispielsweise auf einem Postamt, in einem Seehafen oder auf einem Flugplatz ankamen.

Die Hauptabteilung VII wiederum war für den sicheren Transport entlang von Transitstrecken, also vor allem auf den Autobahnen zuständig.

Die Personenschützer des MfS stellten Bewacher in Zivil ab, falls Wertsachen mit Flugzeugen befördert wurden oder Geld aus der Leipziger Druckerei ins Zentraldepot der Staatsbank überführt wurde.

Das Wachregiment »Feliks Dzierzynski« stand bei all dem gewissermaßen Gewehr bei Fuß, um jederzeit mit Soldaten bei der Verladung und Bewachung zu helfen. Das war praktisch bei allen Geldtransporten der Fall, die nicht mit ein paar Handkoffern zu bewältigen waren.

Die Verwaltung Rückwärtige Dienste (VRD) des MfS hatte jeweils die Fahrzeuge bereitzustellen. Das heißt, die Lkw-Pannen vom Dezember 1983 gingen vermutlich weniger auf das Konto lebensmüder Wildtiere, sondern waren der laxen Wartung durch die Kfz-Mechaniker der VRD geschuldet.

Im Oktober 1984 präzisierte Stasichef Mielke seinen Befehl, der bereits mehr als 10 Jahre lang in Kraft war, dahingehend, dass die Leiter der MfS-Bezirksverwaltungen »im engen politisch-operativen Zusammenwirken mit den Bezirksbehörden der Deutschen Volkspolizei die Sicherung der Transportrouten, insbesondere der Stadtdurchfahrten, zu gewährleisten« hatten. Die Zentrale hatte aus dem Schneeberger »Bauarbeiteraufstand« gelernt und holte nun die regionalen Dienststellen mit ins Boot, freilich ohne selbst ein Versäumnis einzuräumen.

Das Wachregiment Feliks Dzierzynski galt als die Garde von Stasi-Minister Erich Mielke

Das Regiment war eine Kampfeinheit, die zuletzt über eine Stärke von 11.000 Mann verfügte. Hier eine Ausbildung an Panzerbüchsen.

Zusammenfassend lässt sich festhalten: Geldtransporte durch das MfS waren nichts Ungewöhnliches, sondern die Regel.

Wann immer Geldscheine die Wertpapierdruckerei Leipzig verließen, geschah das unter Bewachung von Stasileuten. Die Transporte liefen unter dem Decknamen »Wert«, wobei Entsorgungsaktionen wie die am Schindlerschacht das martialische Codewort »Vernichtung« verpasst bekamen. Die Gesamtleitung aller Aktionen übertrug Erich Mielke seinem Stellvertreter, Generalleutnant (ab 1987 Generaloberst) Rudi Mittig.

Allein im Jahr 1986 eskortierte das MfS acht große Geldlieferungen aus der Wertpapierdruckerei Leipzig zu Staatsbankfilialen in Berlin und mehreren Bezirksstädten. Das waren circa 140 Tonnen Banknoten, verpackt in 6853 Behältnissen. Laut einem Bericht von Generalmajor Alfred Kleine, dem Leiter der Hauptabteilung XVIII, wurden dabei rund 53 Milliarden DDR-Mark in druckfrischen Scheinen transportiert.

Dieses Geld war nicht für die sofortige Ausgabe an Sparkassen bestimmt, sondern diente als Bargeldreserve in den Bezirken. Für den Fall, dass plötzlich unheimlich viele DDR-Bürger ihre Sparbücher hätten plündern wollen, um Konsumgüter zu hamstern, wäre der Staat vorbereitet gewesen. Die DDR wollte sich keine Blöße geben, wenn sie nicht imstande

Staatsbank der
Deutschen Demokratischen Republik

Berlin, den 5. 1. 1989

An Kreisfiliale
der Staatsbank
der Deutschen Demokratischen Republik

Berlin

Lieferschein Nr. 260

Sie erhalten hiermit Banknoten der Deutschen Demokratischen Republik, Ausgabedatum 1971 als Erstausstattung:

	Serie	Anzahl der Säcke	Nr. der Säcke von — bis
Nennwert 100.-	CI	150	16210 - 16359
	CJ	500	16409 - 16859
Paketinhalt je Sack 20 Pakete à 1000	CK	500	16860 - 17359
	CL	500	17360 - 17859
Anzahl der Paletten	CM	150	17860 - 18009
Gesamtmenge der Säcke		1 800	

Betrag in Worten: drei-Milliarden-sechshundert-Millionen Mark

übergeben: Vertreter WPD DDR

VEB Wertpapierdruckerei der DDR

übernommen: Transportbeauftragter der Staatsbank

Transportbeauftragter der Staatsbank

Dienstsiegel

Kreisfiliale der Staatsbank

Unterschrift (nicht durchschreiben)

Unterschrift (nicht durchschreiben)

1. Exemplar WPD DDR
2. Exemplar Kreisfiliale Staatsbank
3. Exemplar Staatsbank
4. Exemplar Staatsbank

Lieferschein über die Auslieferung eines Milliardenbetrags von der Wertpapierdruckerei an die Staatsbank in Berlin. Solche Transporte wurden durch das Wachregiment gesichert.

war, Guthaben auszuzahlen, denn das hätte für Unruhe unter der Bevölkerung gesorgt. Dass der eigentliche Engpass bei den Konsumgütern lag, ist eine andere Geschichte.

Einer der letzten großen Transporte mit frisch gedrucktem Papiergeld, der aus den uns vorliegenden Akten hervorgeht, erfolgte am 5. Januar 1989. Damals schickte die Wertpapierdruckerei Leipzig 1800 Säcke mit 100-Mark-Scheinen an die Berliner Kreisfiliale der Staatsbank. Gesamtwert: 6,6 Milliarden. Auch diese Lieferung wurde durch die Stasi bewacht.

Die Wertpapierdruckerei Leipzig und der VEB Münze Berlin produzierten nicht nur Geld für die DDR, sondern – wie die Entsorgungsaktion am Schindlerschacht bewies – auch für andere sozialistische Staaten. In Leipzig wurden neben Banknoten außerdem Pässe und Personaldokumente gedruckt, in Berlin neben Hartgeld zusätzlich Orden und Medaillen gefertigt. Der Außenhandelsbetrieb der polygrafischen Industrie, ZIMEX, verkaufte darüber hinaus in der DDR gedruckte Briefmarken an befreundete Länder.

Für die DDR war das ein gutes Geschäft, denn bezahlen mussten die Bruderstaaten in Devisen. Die Transportleistungen durch das MfS ließ man sich möglichst ebenfalls in harter Währung vergüten. Gute Freunde, die klamm waren, aber zum Beispiel Südfrüchte oder Kaffee anzubieten hatten, durften ihre Rechnungen teilweise mit sogenannten Warengegenlieferungen, sprich in Naturalien begleichen, etwa Vietnam, Nicaragua und Mosambik.

Die Rentabilität bei diesen Geschäften lag bei 50 Prozent. Das heißt, für 1 Mark, die man aufwendete, erhielt man 1,50 Mark – und während man DDR-Mark einsetzte, bekam man den Erlös in D-Mark oder US-Dollar heraus. Kurz: Das Ganze war eine Devisendruckmaschine. Damit sie wie geschmiert lief, mussten in der Wertpapierdruckerei und der staatlichen Münzprägeanstalt notfalls sogar Inlandsaufträge so lange zurückgestellt werden, bis ein lukrativer Auslandsauftrag abgearbeitet war.

Die Botschafter der DDR waren angewiesen, bei Gesprächen mit Politikern vielversprechender Entwicklungsländer ständig zu sondieren, ob sich ein entsprechendes Geschäft anbahnen ließ. Gleiches galt für die Genossen in den Ministerien für Auswärtige Angelegenheiten und Außenhandel.

All diese Geschäfte oblagen der Verschwiegenheit. Die Ministerratsvorlage von 1978, in der Einzelheiten geregelt wurden, war eine Vertrauliche Verschlusssache (VVS). Im Text wurde immer wieder auf »strikte Geheimhaltung« und »enge Zusammenarbeit mit den Sicherheitsorganen« verwiesen. Auch die Zuständigkeit des MfS für die Sicherung der Transporte wurde betont.

Aus einem Rapport der MfS-Hauptabteilung XVIII vom 18. Februar 1985 geht hervor, dass die Wertpapierdruckerei Leipzig und die Münze Berlin mit solchen Aufträgen von September 1978 bis Dezember 1984 Einnahmen in Höhe von 61 Millionen Valutamark realisiert hatten. Auf gut Deutsch waren das D-Mark; dieser Begriff wurde von den DDR-Staatsorganen jedoch vermieden. Darüber hinaus hatte man Außenstände in Höhe von 13,5 Millionen US-Dollar und 5,7 Millionen Transferrubel, Letzteres eine Verrechnungseinheit innerhalb des Rates für gegenseitige Wirtschaftshilfe (RGW), dem sozialistischen Gegenstück der (West-)Europäischen Wirtschaftsgemeinschaft (EWG).

Die Gewinne wurden zum Teil in die Erweiterung und Modernisierung der Wertpapierdruckerei Leipzig gesteckt, um mehr Aufträge annehmen

Der Alltag des Wachregiments bestand aus Bewachungsaufgaben

und technisch raffiniertere Banknoten drucken zu können. Etwa die Hälfte floss in die Tilgung von Krediten. Der Stasirapport kam zu dem Schluss, dass sich der Anteil des MfS an den erwirtschafteten Devisen zwar nicht konkret beziffern lasse, dass »die Sicherungsarbeit jedoch eine wesentliche Bedingung für das erreichte ökonomische Ergebnis« sei. Sprich: Was unterwegs abhandenkommt, kann nicht verkauft werden.

Zwischen 1978 und 1985 belieferte die DDR elf verschiedene Geschäftspartner in der sozialistischen Welt mit Erzeugnissen aus der Wertpapierdruckerei und der staatlichen Münze.

Abnehmer von Banknoten waren die sozialistische Republik Vietnam (840 Millionen Scheine), die Volksrepublik Mosambik (260 Millionen) und die Volksrepublik Angola (150 Millionen). Mosambik hatte zusätzlich 190 Millionen Geldstücke geordert.

Pässe und Personaldokumente gingen in die Volksrepublik Bangladesch (2,2 Millionen Stück), die Demokratische Volksrepublik Jemen (1,5 Millionen), die Volksrepublik Angola (1,1 Millionen), die Republik Nicaragua (790 000 Stück) sowie die damals unter Kontrolle der Sowjetunion stehende Demokratische Republik Afghanistan (520 000 Stück). Die kommunistisch angehauchte afghanische Regierung ließ sich zudem 10 000 Orden in der Münze Berlin prägen. 5000 weitere Medaillen wurden in den Jemen geliefert. Als Großabnehmer in Sachen rotem Lametta erwies sich der äthiopische Diktator Mengistu Haile Mariam, der gleich mal 768 000 Orden bestellte.

Vor allem die Wertpapierdruckerei Leipzig war gut ausgelastet mit internationalen Aufträgen. Für die Folgejahre lagen zum Zeitpunkt des Rapports noch Verträge über 275 Millionen Banknoten für Nicaragua und Vietnam sowie 9 Millionen Pässe und Personalausweise vor, die nach Angola und Bangladesch geliefert werden sollten. Das bedeutete auch für das MfS und sein Wachregiment jede Menge Arbeit.

Ein typischer Transport von Banknoten ging ungefähr so vonstatten: In den Abendstunden verließen drei Militärlastkraftwagen, begleitet von zwei Barkas B 1000 und einem Lada die Wertpapierdruckerei im Zentrum von Leipzig. Obwohl die Stasi am Steuer saß, trugen alle Autos NVA-Kennzeichen. Sie fuhren mit Blaulicht, jedoch ohne Sirene. Über den Georgiring, vorbei am Platz der Republik, über die Gerber- und die Eutritzscher Straße

Das Regiment verfügte über einen eigenen Fuhrpark

Auch schwere Fahrzeuge standen den Dzierzynski-Soldaten zur Verfügung

ging es in zügiger, nicht zu schneller Fahrt in Richtung Autobahn. Innerhalb von Ortschaften war den Kraftfahrern eine Marschgeschwindigkeit von maximal 50 Stundenkilometern vorgeschrieben. Auf Landstraßen und Autobahnen galt Tempo 60. Mehr war aus Sicherheitsgründen nicht erlaubt, denn die Lkw waren oft bis an die Grenzen ihrer Höchsttonnage beladen.

Von der Autobahnauffahrt Wiederitzsch ging es zum Schkeuditzer Kreuz und von da zum Schönefelder Kreuz bei Berlin. Exakt bei Autobahnkilometer 57,5 wurde eine technische Rast eingelegt, bei der die Lkw durchgecheckt wurden. Genossen der Hauptabteilung VII hielten den dort befindlichen Parkplatz frei, damit die Transportkolonne problemlos Stellplätze fand.

Soldaten des Wachregiments sicherten die Fahrzeuge während des Halts. Die Stärke der Schutzmannschaft war für jeden Transport genau definiert. Waren bis zu drei Lkw unterwegs, kamen 15 Dzierzynski-Soldaten zum Einsatz, darunter ein Offizier und vier Unteroffiziere. Die Leitung hatten zwei bewaffnete Offiziere der Hauptabteilung XVIII.

Bei Transporten mit mehr als drei Lastkraftwagen wuchs die Stärke des Sicherungskommandos auf 14 Soldaten an, die von einem Offizier und sechs Unteroffizieren angeführt wurden. Insgesamt also 21 Männer vom Wachregiment, die sich auf drei Barkas B 1000 verteilten. Plus ein Lada (oder Wartburg) mit zwei Genossen der Hauptabteilung XVIII.

Kleinere Geldtransporte, zu denen auch die Lieferung von Forumschecks, dem Zahlungsmittel der Intershop-Ladenkette zählte, wurden üblicherweise von vier Offizieren der Hauptabteilung XVIII in zwei Pkws realisiert. Bei Geldlieferungen mit Güterzügen waren mindestens 25 Angehörige des Wachregiments sowie drei Männer der Hauptabteilung XVIII im Einsatz.

In Berlin nahm der Konvoi die Autobahnabfahrt Erkner und fuhr zunächst in die dortige Kaserne des Wachregiments, einem von drei Standorten der Einheit, die am Ende der DDR-Zeit eine Mannschaftsstärke von 11 000 besaß. In Erkner war das Kommando 2 stationiert, dessen Einheiten für die Sicherung so prominenter Objekte wie des ZK-Gebäudes, des Palasts der Republik und der Waldsiedlung Wandlitz zuständig waren, wo die SED-Schickeria residierte. Die Abteilung militärisch-operative Sicherung hatte hier ebenfalls ihren Sitz.

Von Erkner aus konnte das Geld auf verschiedene Tresorobjekte der Staatsbank in Berlin verteilt werden. Oft war die Kaserne jedoch lediglich eine Zwischenstation auf einer längeren Tour. Noch in der Nacht setzte sich die Kolonne dann erneut in Bewegung, zum Beispiel auf die Autobahn Berlin-Rostock. Ziel war in diesem Fall der Überseehafen der Hansestadt.

Auch auf dem Weg an die Küste gab es einen exakt definierten Haltepunkt. Der Parkplatz bei Autobahnkilometer 46,5 wurde durch Genossen der Hauptabteilung VII eine halbe Stunde vor der geplanten Ankunft des Konvois für den öffentlichen Verkehr gesperrt. Wieder eine technische Überprüfung der Fahrzeuge, dann ging es weiter.

In Rostock wurde das Geld auf Schiffe verladen. Fuhren diese unter der Flagge der Auftraggeber, übergaben die Genossen der Hauptabteilung XVIII die Ware an Vertreter der ausländischen Staatsbanken und waren die Verantwortung los. Gleiches galt beim Weitertransport mit Flugzeugen vom Flughafen Berlin-Schönefeld. Mitunter übernahm die DDR aber auch die Verschiffung in die befreundeten Staaten.

Aus dem oben erwähnten Rapport der Hauptabteilung XVIII geht hervor, dass »je zwei Genossen des MfS« mit dem Schiff nach Dhaka beziehungsweise Chittagong gefahren sind, um Dokumente an die Passbehörden von Bangladesch zu übergeben. Ein Oberstleutnant Knaak vom Wachregiment war bis nach Maputo, der Hauptstadt von Mosambik, geschippert, die am Indischen Ozean liegt. Andere Genossen hatten Werttransporte nach Luanda (Angola), Addis Abeba (Äthiopien), Aden (Jemen), Hanoi (Vietnam) und Corinto (Nicaragua) begleitet. Diese Dienstreisen, die mitunter auch per Flugzeug unternommen wurden, dürften begehrt gewesen sein, obwohl – oder gerade weil – sie mit hoher Verantwortung einhergingen.

Der MfS-Rapport listet zwischen 1977 und 1985 insgesamt 88 »Sicherungsaktionen« auf, die umfangreich genug waren, damit an ihnen Soldaten des Wachregiments beteiligt gewesen sein müssen. In dem Dokument wurden handschriftliche Korrekturen vorgenommen, die nahelegen, dass in der Aufstellung zunächst etliche Werttransporte vergessen wurden – wahrscheinlich infolge interner Geheimniskrämerei – und dass im genannten Zeitraum in Wirklichkeit 125 solcher Operationen stattgefunden haben. Und dabei ging es nur um Lieferungen für das Ausland. Verschickungen von DDR-Geld innerhalb des Landes waren nicht aufgelistet.

Je nach Empfänger der Ladung erhielten die Transporte zusätzliche Decknamen. Lieferungen nach Vietnam erfolgten unter »Aktion Vau«. Die »Aktion Neuland« betraf Bangladesch. »Aktion M« stand für Mosambik, »Aktion Steinbock« meinte Angola. Das Zielland Kampuchea (heute wieder Kambodscha) wurde mit dem Codenamen »Aktion Pagode« bezeichnet.

Mitunter ging den Genossen von der Hauptabteilung XVIII aber auch die Fantasie aus. »Aktion Aden« betraf in seltener Direktheit die Demokratische Volksrepublik Jemen. In Sachen Nicaragua reichte die Erfindungsgabe der Codierer immerhin für »Aktion Übersee«, aber zwei Flugzeugtransporte im Jahr 1982 ins »Sozialistische Äthiopien« wurden unzweideutig mit »Aktion Äthiopien« betitelt. Wenn da mal nicht der Klassenfeind dahintergekommen ist.

Da die Werttransporte von Leipzig oder Berlin aus praktisch nur durch das sichere Hinterland der DDR führten, erscheint die strenge Bewachung durch das Dzierzynski-Eliteregiment übertrieben. Wo hinter dem Eisernen Vorhang sollte angesichts der restriktiven Ostblock-Waffengesetze eine

Ausbildung der Kraftfahrer des Regiments

In der Kfz-Werkstatt des Wachregiments

Diebesbande herkommen, die es mit MfS-Leuten hätte aufnehmen können, auch wenn diese bloß mit Makarow-Pistolen bewaffnet waren?

Aus den uns vorliegenden Stasiunterlagen ist nicht ersichtlich, mit welcher Art Wegelagerer oder Plünderer das MfS rechnete. Allenfalls abtrünnig gewordene Soldaten der in der DDR stationierten sowjetischen Streitkräfte wären potent genug für einen erfolgreichen Überfall auf einen Geldtransport gewesen. Im Anschluss an einen solchen Coup hätten sie jedoch vor dem Problem gestanden, abtauchen müssen. Wo hätten sie hingekonnt, und was sollten sie mit einem Lkw voll registrierter Scheine (womöglich lediglich afrikanische Währungen) oder unnützer Orden anfangen?

Wenngleich die Frage nach der erwarteten Bedrohung nicht mehr zu beantworten ist, geht aus den Unterlagen klar hervor, dass das MfS auf alles vorbereitet war und für jede Eventualität einen Plan hatte.

Im Falle einer Panne hatte die Kolonne am rechten Straßenrand zu halten. Es mussten Sicherungsposten aufgestellt und der Verkehr geregelt werden. Dauerte die Reparatur länger, sollte der Rest der Fahrzeuge in ruhigen Nebenstraßen oder auf nahen Parkplätzen warten. Auf keinen Fall durfte der Konvoi auseinandergerissen werden. Ließ sich ein defekter Lastkraftwagen nicht vor Ort reparieren, sollte seine Ladung auf die restlichen

Fahrzeuge verteilt werden. War das nicht machbar, musste ein Ersatz-Lkw angefordert werden. Selbstredend stand der Transportleiter im Funkkontakt mit seiner Diensteinheit und hatte über jeden Vorfall und jeden Schritt Bericht zu erstatten.

Auch nach einem Verkehrsunfall stand der Funkspruch an die Zentrale an erster Stelle. Im Anschluss waren die Fahrzeuge zu sichern und, falls notwendig, Verletzten Erste Hilfe zu leisten. Die Meldung des Unfalls an die Volkspolizei stand, wie auch ein Notruf an die Schnelle Medizinische Hilfe (SMH – der DDR-Rettungsdienst), erst an vierter Stelle.

Was die Lkw geladen hatten, durfte unter keinen Umständen bekanntwerden. Purzelten beispielsweise einige Geldsäcke auf die Straße und platzten auf – die Stasi nannte das nicht Pech, sondern »Dekonspiration« –, musste das Material schnellstens bedeckt und durch Einrichten einer Sperrzone vor neugierigen Blicken geschützt werden.

Bekamen Passanten trotzdem etwas mit, wurde es für sie ungemütlich. Die Richtlinie sah wörtlich Folgendes vor: »Personen, die durch eine Dekonspiration Kenntnisse über Art der materiellen Güter mit Bestimmungsort erhalten haben, sind vorläufig festzunehmen und der zuständigen ter-

Die Soldaten wurden im Nahkampf geschult

ritorialen Diensteinheit (zum Beispiel der nächsten MfS-Kreisdienststelle – Anmerkung des Verfassers) zur Überprüfung und Durchführung einer Schweigeverpflichtung zu übergeben.«

Auch auf Überfälle waren die Transportkommandos des Wachregiments vorbereitet. Ihr Befehl lautete: »Der Gegner ist zu vernichten beziehungsweise gefangen zu nehmen.« In exakt dieser Reihenfolge. In erster Linie ging es darum, die Ladung zu verteidigen. Angreifer sollten um jeden Preis zurückgeschlagen werden. Ihre Verfolgung war nur in Ausnahmefällen vorgesehen, und einzig der Transportleiter von der Hauptabteilung XVIII durfte einen solchen Befehl geben. Auf den ältesten Indianertrick der Welt wollten die Genossen nicht hereinfallen.

Sollte es tatsächlich zum Kampf kommen, waren die Dzierzynski-Männer gut gerüstet. Unteroffiziere und Soldaten waren bei Werttransporten mit Makarow-Pistolen und Kalaschnikow-Sturmgewehren bewaffnet, Offiziere mit Pistolen. An Munition führten sie laut Dienstanweisung einen vollen Kampfsatz mit sich. Bei der Kalaschnikow waren das 4 Magazine mit jeweils 30 Patronen. Dazu kam das Magazin, das bereits in der MPi steckte, alles in allem also 150 Schuss Munition. Der Kampfsatz für die Pistole umfasste insgesamt 3 Magazine mit jeweils 8 Patronen, also 24 Schuss.

Sofern keine ausländischen Währungen transportiert wurden, sondern Geld, mit dem die Angreifer im Inland etwas anfangen konnten, ging die Stasi auf Nummer supersicher: »Bei Transporten der Staatsbank der DDR sind Handgranaten durch das Wachregiment mitzuführen«, lautete die Weisung.

Daraus lässt sich folgern, dass die Makulatur aus der Wertpapierdruckerei auf ihrem Weg zum Schindlerschacht im Dezember 1983 lediglich mit MG und Pistole verteidigt wurde.

11 Monate später rollte ein weiterer Geheimtransport ins Erzgebirge, diesmal per Schiene, und dabei gehörten wohl auch Handgranaten zum Arsenal der Bewacher, denn Auftraggeberin war diesmal die Staatsbank. Die Stasi lieferte dabei ein Paradebeispiel für militärische Logistik. Die Ladung hätte diesen Aufwand eigentlich nicht gerechtfertigt. Sie besaß zu diesem Zeitpunkt allenfalls noch Sammlerwert.

M E R K B L A T T

für den Kraftfahrer eines Kraftfahrzeuges mit Sondersignalen

Genosse Kraftfahrer !

Ihnen wurde die verantwortungsvolle Aufgabe übertragen, ein Kraftfahrzeug mit Sondersignalen bei der Kolonnenregulierung zu führen.

Beachten Sie:

- Sondersignale sind grundsätzlich nur in Anwendung zu bringen, wenn es befohlen wurde;
- fahren Sie mit diesen Signalen rücksichtsvoll und vorsichtig;
- erzwingen Sie nie die Vorfahrt;
- beachten Sie immer, daß nicht alle Verkehrsteilnehmer die StVO so gut kennen wie Sie;
- richten Sie die Geschwindigkeit immer so ein, daß keine Gefahrensituationen für Sie und andere entstehen können;
- fahren Sie vorsichtig an Kreuzungen, Fußgängerschutzwege und andere Verkehrsschwerpunkte heran;
- beachten Sie stets, daß die nachfolgenden Fahrzeuge der Kolonne sich auf Ihre Fahrweise einstellen müssen;
- fahren Sie langsam an Kreuzungen heran und erhöhen Sie langsam wieder auf die befohlene Geschwindigkeit;
- beachten Sie immer die Straßen-, Witterungs- und Sichtverhältnisse;
- begegnet Ihnen eine Regierungskolonne mit gleichen Sondersignalen, so haben Sie grundsätzlich Ihre Rundumleuchten auszuschalten, rechts heranzufahren und zu halten, auch dann, wenn diese Kolonne Ihre Kolonne überholen will;
- beachten Sie bei Überholvorgängen den entgegenkommenden Verkehr, besonders bei unübersichtlichen Straßenabschnitten;

Für Transporte galten strenge Regeln, auch beim Führen der Lastkraftwagen

November 1984: Ein geheimnisvoller Zug steht auf den Schienen am Haltepunkt »Poppenwald«

Generalstabsmäßig durchgeplant

Die Aktion [redacted] »Vernichtung« [redacted] im November 1984

Horst Kaminsky, der Präsident der Staatsbank der DDR, hatte ein Problem. In der zweiten Hälfte der 1970er-Jahre quollen seine Tresore über. Klingt nach einer komfortablen Situation für einen Bankdirektor, aber bei dem Geld, das zu viel Platz wegnahm, handelte es sich vor allem um verschlissene Banknoten, die abgegriffen, eingerissen oder verschmutzt waren. Aus diesem Grund waren sie eingezogen und durch neue Scheine ersetzt worden. Theoretisch besaßen sie noch Gültigkeit, praktisch gesehen waren sie jedoch überflüssig – »nicht umlauffähig«, nannte es Kaminsky in einem Brief, den er im Juli 1978 an Günter Mittag, den Chef-Planwirtschaftler des Zentralkomitees der SED, schrieb.

Kaminsky wollte von Mittag grünes Licht für die Vernichtung der Geldscheine haben, die seine Stahlkammern in den Tiefgeschossen des Hauses am Werderschen Markt verstopften. In den oberen Etagen des respekteinflößenden Säulenbaus residierte die vielköpfige Nomenklatura des Zentralkomitees, während die gepanzerten Keller der Staatsbank gehörten. Man könnte sagen, die ZK-Mitglieder saßen mit ihren Hintern auf der Bargeldreserve der DDR.

Aber da waren eben auch noch die unbrauchbar gewordenen Scheine, die man dem Geldkreislauf entzogen hatte. Laut Kaminskys Schreiben entstammten sie den Emissionen von 1964, 1971 und 1975. Insgesamt handelte es sich um »20 000 Säcke mit einem Gewicht von 500 Tonnen, einem Wertumfang von 10,5 Milliarden Mark und einem Volumen von 650 Kubikmetern«, schrieb Kaminsky, um Mittag die Schwere des Problems zu verdeutlichen.

650 Kubikmeter: Das waren vier große, bis oben hin mit Geldsäcken vollgestopfte Neubauwohnungen. Viel Raum, der für druckfrische Scheine nicht zur Verfügung stand. Und der vom Altgeld in Beschlag genommene Platz wuchs von Jahr zu Jahr. Ein 20-Mark-Schein, der durch viele Hände ging, hielt in der Regel 2 bis 4 Jahre, einer der seltener den Besitzer wechselnden 100er vielleicht 5 bis 7 Jahre.

Kaminsky hatte einen Plan entwickelt, was mit den abgeranzten Scheinen passieren sollte. Ab in ein tiefes Loch damit! Bereits 1978 befand er, dass die 20000 Geldsäcke im stillgelegten Schacht 311 am nordöstlichen Stadtrand von Schneeberg versenkt werden sollten. Er hatte diesbezüglich längst bei der Wismut vorgefühlt – offenbar vor Jahren schon. Aus den erhalten gebliebenen Stasiakten geht zwar nicht hervor, wann der oberste DDR-Geldverwalter auf diese Idee gekommen war, doch es muss eine Weile zuvor gewesen sein. In einem Aktenvermerk der Staatsbank vom 14. August 1978 ist nämlich die Rede davon, dass Wismut-Generaldirektor Horst Richter seine »Bereitschaft *erneuerte,* der Staatsbank jede mögliche Hilfe zu gewähren und bei Bedarf Übernachtungsmöglichkeiten, Fahrzeuge und Arbeitskräfte zu stellen«. Auch Stasiminister Mielke war zu diesem Zeitpunkt bereits involviert und wartete darauf, mit seinen Tschekisten den Transport abzusichern.

Es gab sogar schon einen Termin für die Geldentsorgung im Schacht 311: »… an 2 Tagen eines Wochenendes, spätestens Ende Oktober (21. und 22.10. beziehungsweise 28. und 29.10).« Ein späterer Zeitpunkt, heißt es in dem Protokoll, sei wegen des in dieser Gegend vorherrschenden Klimas nicht vorzusehen. Das berühmt-berüchtigte Erzgebirgswetter.

Bis Anfang Oktober sollte die Wismut die Anfahrtsstraße zum Schacht ausbessern sowie eine Einwurfbühne für die Geldsäcke bauen. Im Sommer 1978 war das geplante Unterfangen also schon sehr konkret. Man wartete bloß noch »auf die endgültige Entscheidung, die im Politbüro getroffen wird«. Die Zentrale der DDR-Macht schaltete die Ampel aber nicht auf Grün, sondern auf Dunkelrot.

Wer da quergeschossen hat, war Werner Krolikowski, der Erste stellvertretende Vorsitzende des Ministerrates der DDR. Offenbar vertrat er die Meinung, dass es effektivere Methoden der Geldentsorgung geben müsse, als Zehntausende Säcke in den südlichsten Winkel der DDR zu karren. Außerdem lasse sich mit dem hochwertigen Banknotenpapier doch bestimmt noch etwas anfangen, sollten die Scheine auch noch so speckig sein. Staatsbankpräsident Kaminsky bekam daher den Auftrag, nach »volkswirtschaftlich effektiveren Lösungsvarianten« zu suchen. Und wer weiß, vielleicht könne man aus dem Altgeld ja sogar einen »einsatzfähigen Sekundärrohstoff gewinnen«?

Dem Chefbankier blieb nichts anderes übrig – er musste die Wissenschaft einschalten. In der Folge befassten sich die Forschungsstelle Chemie

Das Haus des ZK der SED. Im Keller befanden sich die Tresore der Staatsbank. Hier nahm die Aktion »Vernichtung« ihren Anfang.

bei der Akademie der Wissenschaften der DDR sowie das wissenschaftlich-technische Zentrum der Zellstoff- und Papierindustrie mit der Aufgabe, eine Methode zum Altgeldrecycling auszutüfteln. Laut den Briefen, die Kaminsky 1980 an Krolikowski und 1984 an den Ministerratsvorsitzenden Willi Stoph schrieb, blieben alle Versuche erfolglos.

20 Jahre später, als sich im inzwischen wiedervereinigten Deutschland die D-Mark verabschiedet hatte und durch den Euro ersetzt wurde, stand die Bundesbank vor einem noch gewichtigeren Problem. Im Jahr 2002 mussten 2600 Tonnen ausgedienter Banknoten – das waren 2,6 Milliarden Scheine im Nennwert von insgesamt 280 Milliarden Mark – entsorgt werden. Auch zuvor schon hatte der Geldkreislauf der Bundesrepublik alljährlich etwa 1400 Tonnen Banknotenabfall generiert.

Dem technologisch überlegenen Westen war bis dahin ebenfalls nichts eingefallen, um dem nass- und reißfesten Wertpapier neues Leben einzuhauchen. Versuche in der Papierindustrie scheiterten an der Zähigkeit des Materials, eine Weiterverarbeitung war schlicht unwirtschaftlich. Statt jedoch die ausgedienten Noten in alte Bergwerksschächte zu kippen, wurden sie in den Kellern der Landeszentralbanken geschreddert.

Dafür kam die »Banknotenverarbeitungsmaschine ISS 3000« von Giesecke+Devrient zum Einsatz, die allerdings erst seit 1990 existierte. Die Leipziger Wertpapierdruckerei war früher übrigens das Stammwerk dieses Konzerns gewesen, der nach dem Zweiten Weltkrieg im Osten entschädigungslos enteignet wurde. Nach der Wende erfolgte die Reprivatisierung. Die »ISS 3000« konnte 40 Geldscheine pro Sekunde häckseln. Jede Banknote zerfiel unter ihren Scheren in 800 Puzzleteile. Doch wohin mit dem Konfetti?

Ein Vorschlag, mit den Geldschnipseln Särge zu polstern, kam bei den westdeutschen Währungshütern weniger gut an. Im Rheinland presste ein Entsorgungsbetrieb die Banknotenfitzel zu Pellets und verkaufte sie an Ziegeleien, die sie in die Rohmasse ihrer Bausteine mischten. Eine Bremer Firma kompostierte Altgeldfetzen mit Kartoffelschalen und sonstigem Biomüll in einer Intensivrotte. Der nach 10 Wochen reife Gartendünger wurde in Baumärkten unters Volk gebracht. In einem 40-Liter-Sack für 5 Mark steckten nach Herstellerangaben Banknoten im Wert von 200 000 Mark. Ein miserabler Wechselkurs. Eine Tonne Altgeld brachte dem Kompostierbetrieb ganze 33 Mark ein.

Ob nun Kompost oder Baustoff: Die Wiederverwertung des Spezialpapiers ist auch heute noch so aufwendig, dass der Großteil des Altgeldes zerstückelt, zu Briketts gepresst und in Kraftwerken verbrannt wird. Auch die Staatsbank der DDR hatte damals das Schreddern und anschließende Einäschern von Geldscheinen geprüft, zunächst aber wieder verworfen.

Altgeldrecycling ist auch heute noch ein Problem. Überwiegend werden die Scheine geschreddert, zu solchen Briketts gepresst und verbrannt.

Im Sommer 1980 versuchte Horst Kaminsky erneut, von Wirtschaftskommissar Krolikowski die Genehmigung für die Verkippung im Schacht 311 zu erhalten. Er teilte mit: »Alle durchgeführten Tests haben ergeben, dass infolge des großen Umfanges des Vernichtungsgutes der damit verbundene Aufwand an Arbeitskräften, Arbeitszeit sowie das Sicherheitsrisiko beim Transport und Einfügen des Vernichtungsgutes so hoch sind, dass dies volkswirtschaftlich nicht vertreten werden kann.«

Der Bankpräsident lockte Krolikowski damit, dass es sich »um eine einmalige Aktion zur generellen Beseitigung des angestauten umfangreichen Vernichtungsgutes« handele. Er verwies auf einen im Keller der Staatsbankzentrale zwischenzeitlich installierten Häcksler, in dem neu anfallendes Altgeld künftig regelmäßig zerkleinert und danach in der Müllverbrennungsanlage Berlin-Lichtenberg verbrannt werden könne. Diese thermische Abfallbehandlungsanstalt konnte 80 000 Tonnen Hausmüll jährlich in heiße Luft verwandeln. Die dabei anfallende Wärmeenergie wurde über eine Dampfleitung ins benachbarte Heizkraftwerk Lichtenberg geleitet, das die großen Neubausiedlungen in Berlin-Marzahn mit Strom und Fernwärme versorgte.

Auf ein paar Hundert Säcke Geldmüll schien es dabei nicht anzukommen. Selbst 20 000 Säcke zu verdampfen, hätte eigentlich kein Problem darstellen sollen. Der Flaschenhals dürfte der Schredder im Keller der Bank gewesen sein, der die Unmenge der Geldscheine, die sich bereits in den Tresoren stapelten, nicht bewältigen konnte. Doch immerhin: Für die Zukunft gab sich die Staatsbank bestens gerüstet.

Aber auch Kaminskys zweiter Vorstoß wurde von Krolikowski abgeschmettert.

4 Jahre später hatten die DDR-Forscher noch immer »keine effektiven Lösungen für eine volkswirtschaftliche Nutzung« des Altgeldes gefunden, so resümierte der Bankpräsident 1984 in einem neuerlichen Antrag. Diesmal wandte er sich an den Vorsitzenden des Ministerrates der DDR, Willi Stoph, der in der Hackordnung über Krolikowski stand. Kaminsky sparte in seinem Brief nicht mit Hinweisen darauf, dass mit dem Minister für Staatssicherheit, Erich Mielke, längst alles abgestimmt sei – und diesmal erhielt er seine Erlaubnis. Das Getriebe einer riesigen Maschinerie setzte sich in Bewegung.

Vor dem Hintergrund des 6 Jahre andauernden zähen Genehmigungskampfes, den Bankpräsident Kaminsky durchstehen musste, scheint es erstaunlich, dass die Wertpapierdruckerei Leipzig bereits ein Jahr vor der Staatsbank ihre Gelddruckabfälle im Schneeberger Schindlerschacht versenken durfte – 200 Tonnen, die ohne Bedenken oder Gängeleien hinsichtlich einer Sekundärrohstoffverwertung in der Grube verschwanden. In den Akten zur Geldentsorgung von 1983 findet sich kein Hinweis, dass der Ausführung dieses Plans ein langes Hin und Her vorausgegangen ist. Das Ministerium der Finanzen und die Stasi haben die Sache einfach durchgezogen.

Vermutlich steckt hinter diesem scheinbaren Widerspruch das bekannte Phänomen der rechten Hand, die nicht weiß, was die linke tut. Das Ministerium der Finanzen und die Staatsbank waren beide Organe des Ministerrats der DDR, agierten aber unabhängig voneinander. Die Wertpapierdruckerei unterstand dem Ministerium, und dort hatte man offenbar nicht erst um Erlaubnis gefragt. Die 200 Tonnen Fehldrucke aus Leipzig wurden kurzerhand als ein weiterer Werttransport behandelt, und für Werttransporte innerhalb der DDR war nun mal das MfS zuständig, auch wenn das Ziel diesmal keine Bankfiliale, sondern ein Betonsarg im Erzgebirge war. Klappe zu, Plombe drauf.

So kam es, dass an Weihnachten 1983 längst klammheimlich 200 Tonnen Papiergeldabfall im Erzgebirge verkippt worden waren, während Staatsbankchef Kaminsky noch Monate später händeringend mit seinem Wunschzettel hausieren ging, auf dem der nur 4 Kilometer Luftlinie entfernte Schacht 311 als Endlager aufgeführt war. In beiden Fällen handelte es sich um dieselbe Art von Spezialpapier, das entsorgt werden sollte, doch nur um das Altgeld aus der Staatsbank wurde ein großes Bohei gemacht. Besonders in der DDR galt eben: Wer viel fragt, bekommt viel Antwort.

Im Juli 1984 erteilte Willi Stoph seine Zustimmung zur Geldvernichtungsaktion, und nun kurbelten Staatsbank und Stasi eine Operation an, die durchgeplant wurde wie ein kleiner Feldzug. Sie erhielt den martialischen Titel »Vernichtung«.

Während in Berlin Maßnahmenpläne, Ablaufpläne, Grund-, Durchführungs- und Sicherungskonzeptionen geschrieben wurden und die Beratungen kein Ende nahmen, blieb die handfeste Arbeit zunächst an der

Um diese Geldscheine ging es bei der Aktion »Vernichtung«. Sie waren seit 1964 im Umlauf. Spätestens am 1. Januar 1984 besaßen sie allenfalls noch Sammlerwert.

Wismut hängen. Der Bergbaubetrieb musste den Schacht 311 für die Aufnahme des Altgeldes vorbereiten. Das war nicht so leicht, wie es sich anhört. Der stillgelegte Grubenbau war ja nicht einfach ein 540 Meter tiefes Loch, das offen in der Landschaft klaffte, sondern mit einer 5 Meter dicken Betonplombe verschlossen.

6 Jahre zuvor, als Staatsbankchef Kaminsky sein Altgeld zum ersten Mal in Schneeberg entsorgen wollte, wäre alles noch recht unproblematisch gewesen, denn da hatte der Schachtdeckel lediglich aus zwei Bühnen bestanden, die aus Eisenbahnschienen und Rundhölzern zusammengesetzt waren. Obendrauf lag Bauschutt. »1978 hatte die Wismut schon einmal durchkalkuliert, was alles zu machen ist. Das war weit gediehen«, berichtet der heutige Hauptmarkscheider Olaf Wallner. Er bezieht sich auf handschriftliche Notizen für einen Arbeitsablaufplan, die sein damaliger Vorgänger Eberhard Schubert hinterlassen hat.

Doch das Altgeld kam nicht, und ein Jahr später wurde der Schacht 311 nach allen Regeln der DDR-Verwahrungskunst verplombt. 10,50 Meter unter der Rasenkante wurde der 5 Meter starke Betonpfropfen eingesetzt, der wiederum auf einer Tragplatte aus Eisenbahnschienen und Zement ruhte. Der nach oben hin verbliebene Hohlraum wurde bis zur Tagesoberfläche mit Bauschutt zugeschüttet. Da ging nichts mehr durch.

»Das Haufwerk haben sie 1984 wieder herausgeholt, das waren rund 170 Kubikmeter Material«, sagt Andy Tauber, der Leiter des Bereichs Sanierung der Wismut GmbH in Aue. Nachdem die Plombe freigelegt war, pickelten Bergleute mit Presslufthämmern eine Öffnung von 3,50 Metern mal 2,20 Metern, die bis zur Tragplatte reichte. Tauber: »Eine Schweinearbeit.«

Die Tragplatte bekam zwei Löcher von etwa 60 Zentimetern Durchmesser verpasst. Durch diese wurden zwei Blechrohre gesteckt, die von der Oberfläche kamen, wo eine Arbeitsbühne aus Holz stand. Die Bühne war so beschaffen, dass Lastkraftwagen rückwärts heranfahren konnten, wobei ihre Ladefläche sich in einer Höhe mit der Holzplattform befand. Das ermöglichte ein halbwegs bequemes Entladen.

»Die Blechrohre waren dafür da, um die Geldsäcke über Förderbänder in die Tiefe gleiten zu lassen«, sagt Andy Tauber. »Ein Geldballen durfte maximal 50 Zentimeter Durchmesser haben, damit er sich in den Rohren nicht verkantete.«

Werner Ebert, der Direktor des Bergbaubetriebs 09 (Grubenfeld Aue-Alberoda), schätzte am 15. August 1984 laut einer Niederschrift, welche die Staatsbank nach einer der vielen Beratungen anfertigte, dass er für die

Vorbereitungen 30 Arbeitskräfte einsetzen müsse, was die Wismut circa 250000 Mark kosten werde. Andy Tauber hält diese Zahlen für plausibel.

Ebert und sein Hauptmarkscheider Schubert versicherten den Berliner Genossen in mehreren Sitzungen, dass niemand an ihre Geldscheine herankomme, sobald diese erst einmal am Grund von Schacht 311 ruhten. Mitte Oktober gaben sie das noch einmal schriftlich nach Berlin: »Es besteht … keine begehbare Verbindung von den Grubenbauten des Bergbaubetriebes 9 zum Schacht 311. Eine solche Verbindung ist auch nicht ohne erheblichen technischen Aufwand beziehungsweise ohne den Einsatz technischer Hilfsmittel herstellbar.« Sollte heißen: Jemand, der sich Untertage an das Geld heranarbeiten will, hätte erst mehrere Kilometer Stollen mithilfe von Bohr- und Sprengarbeiten freiräumen müssen.

Andy Tauber erläutert das: »Der Schacht 311 liegt am Rand des Grubenfeldes Aue-Alberoda. Selbst als hier noch Uran gefördert wurde, gab es nur wenige Querstollen, die ihn mit dem aktiven Bergwerk verbanden. Diese waren 1984 bereits seit vielen Jahren verbrochen. Dazu kommt: Die tiefste Sohle, über die einstmals eine Verbindung bestanden hatte, lag bei 360 Metern. Das Geld fiel aber mehr als 500 Meter tief in den Schacht. Von der Seite war da absolut kein Herankommen.«

Wegen seiner Lage am äußeren Rand des Abbaufeldes hatte die Wismut den Schacht 311 ausgesucht. Der Schindlerschacht, der bereits seit Dezember 1983 als »Wertpapiertresor für die Ewigkeit« diente, erfüllte dieselben Voraussetzungen. Hätten die Verantwortlichen im Westen gelebt, so hätten sie nach Berlin schreiben können, dass Geheimnisse in beiden Schächten so sicher ruhen wie in Abrahams Schoß. Im real existierenden Sozialismus verbot sich ein solcher Vergleich selbstredend.

Spätestens Ende August 1984 standen die Termine für die Aktion »Vernichtung« fest. Am 2. November sollte die Auslagerung der Geldscheine aus den Tresoren der Staatsbank beginnen. Dzierzynski-Soldaten würden sie mit Lkw zunächst in die Kaserne des Wachregiments in Berlin-Adlershof bringen, wo die Eisenbahnwaggons warteten. Der zusammengestellte Güterzug erhielt den Status eines Militärtransportes, was ihm auf der Strecke Vorrang einräumte.

Es existiert ein handschriftliches Protokoll, dessen Verfasser grob durchgerechnet hatte, dass 20 Eisenbahnwaggons nötig sein würden, um die

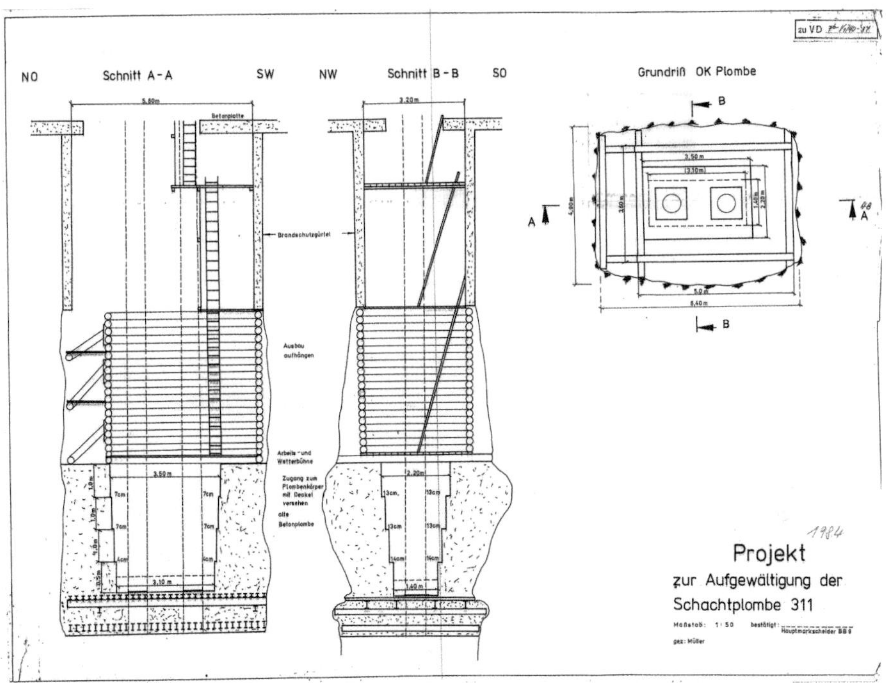

So sah das Innere des Schachts 311 mit der durchbohrten Plombe aus

15 619 Geldsäcke und ihre Bewacher zu transportieren. Das erwies sich später als übertrieben, weshalb Staatsbankpräsident Kaminsky am 30. August beim Minister für Verkehrswesen, Otto Arndt, in einem Geheimbrief lediglich 10 Güterwagen (Typ Gags-v), einen Personenzugwagen 2. Klasse und einen Liegewagen orderte. Dazu kamen noch die Lokomotive sowie ein Nachrichtenwagen, von dem aus die Wachmannschaft über verborgene Antennen Funkkontakt halten sowie Fernschreiben empfangen und absetzen konnte.

Lokführer und sonstiges Bahnpersonal waren »nach sicherheitspolitischen Gesichtspunkten« handverlesen. Insgesamt stellte die Reichsbahn acht Leute samt eines Zugkommandanten. Als oberster Zugführer fungierte aber ein Stasioberstleutnant der Hauptabteilung XVIII.

Am Abend des 4. November, einem Sonntag, sollte sich der Zug in Richtung Erzgebirge in Bewegung setzen, wo er nach Mitternacht am 5. November am Haltepunkt »Poppenwald« eintreffen würde. Für Montagmorgen waren Entlade- und Transportbeginn zum Schacht 311 geplant. Dafür verlegte das Wachregiment eigene Fahrzeuge in den Kreis Aue. Mit dem Ausladen der Waggons sollte einem frühen Plan zufolge um 6:00 Uhr begonnen werden. Später ist von 8:00 Uhr die Rede. Gründe dafür werden nicht genannt, doch den Verantwortlichen scheint aufgegangen zu sein, dass es im November im Erzgebirge länger dunkel bleibt.

Fest stand auch, wann die Wismut mit dem Durchbohren der Betonplombe fertig sein musste: spätestens am 15. Oktober. Natürlich haben die Kumpel diesen Termin eingehalten.

Bereits am 17. Oktober konnte am Schacht 311 der Ernstfall geprobt werden. Dafür hatte die Staatsbank zwei Lastkraftwagen mit insgesamt 300 Altgeldsäcken ins Erzgebirge geschickt. Der Transport war als Lieferung für die Kreisfiliale Aue deklariert, kam dort aber nie an, sondern bog vorher nach Schneeberg ab. Heimlichtuerei bis zum Abwinken. Da mutet es fast schon nachlässig an, dass die beiden Lkw nicht durch das MfS, sondern durch das eigene Begleitschutzkommando der Staatsbank gesichert wurden, zumindest war es so in der Grundkonzeption der Abteilung Emission der Staatsbank festgelegt worden.

Am Schacht 311 wurden die 300 Säcke von der vorbereiteten Arbeitsbühne in die beiden Blechröhren geworfen. Die Fließbänder arbeiteten einwandfrei, nichts blieb hängen. Alles klappte wie am Schnürchen. Der Leiter der Gesamtaktion, Generalmajor Kleine, war offenbar persönlich vor Ort, um sich einen Eindruck zu verschaffen. Er besichtigte auch den Eisenbahnhaltepunkt »Poppenwald« in Niederschlema und regte an, dass die Wismut dort ebenfalls eine Entladerampe installieren solle. Auf einem Foto von der Aktion sind dann gleich drei solcher Gestelle zu sehen. Die Wismut kleckerte nicht.

Am 18. Oktober traf sich Kleine mit dem Leiter der MfS-Bezirksverwaltung Karl-Marx-Stadt, Generalmajor Siegfried Gehlert, zu einer Abschlussberatung. Es wurde unter anderem festgelegt, dass Gehlerts Nachrichtentechniker »eine Operativleitung zum Verschüttungsort« zu installieren hatten. An diesem Feldtelefon sollte während der Aktion ständig ein Diensthabender sitzen. Für den unwahrscheinlichen Fall, dass irgendjemand dem wertlosen Schatz zu nahe kam, war Verstärkung somit bloß einen Anruf weit entfernt.

Außerdem hatte die Bezirksstasi, unterstützt von der Volkspolizei, im Zeitraum der Aktion (5. bis 9. November) »eine Tiefensicherung der Entladestation ›Poppenwald‹ und der Verschüttungsstelle Schacht 311« vorzunehmen. Das heißt, im weiten Umkreis um beide Örtlichkeiten sollten Polizeistreifen und Stasileute in Zivil patrouillieren, »um mögliche Aktivitäten feindlicher Kräfte und Beobachtungsmöglichkeiten unbefugter Personen […] vorbeugend zu unterbinden«. Neugierige durften nicht einmal in die Nähe der neuralgischen Punkte gelangen.

Bis zum Start der Operation »Vernichtung« blieben jetzt noch 3 Wochen. In dieser Zeit wurden die 300 Säcke Altgeld, obwohl sie einen halben Kilometer tief im Berg ruhten, streng bewacht: Die Stasi ließ das Gelände Tag und Nacht durch Posten mit Hunden sichern.

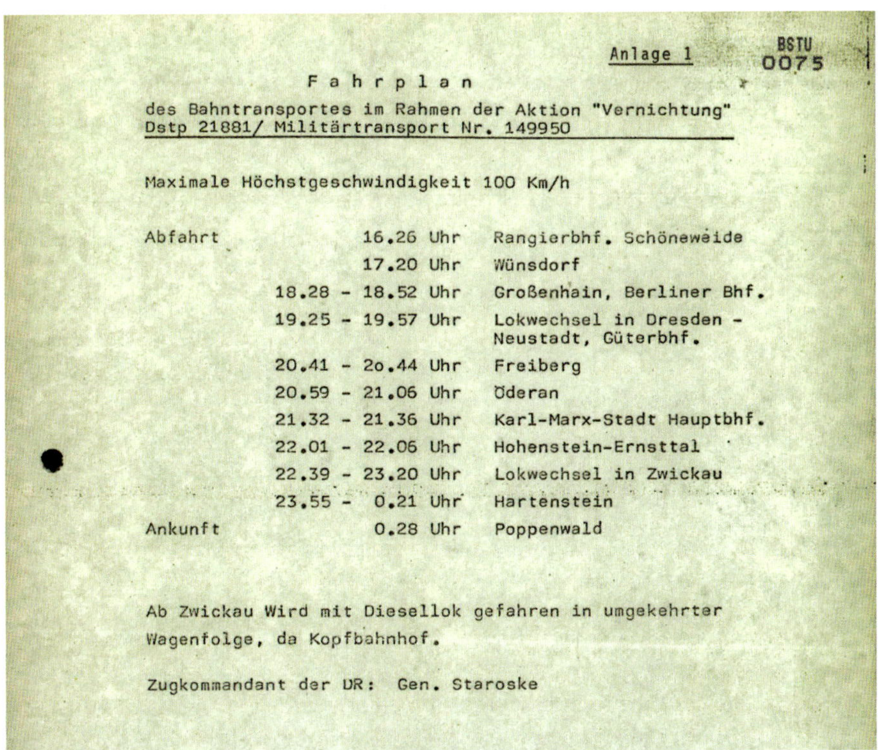

Anlage 1 BSTU 0075

F a h r p l a n

des Bahntransportes im Rahmen der Aktion "Vernichtung"
Dstp 21881/ Militärtransport Nr. 149950

Maximale Höchstgeschwindigkeit 100 Km/h

	Zeit	Ort
Abfahrt	16.26 Uhr	Rangierbhf. Schöneweide
	17.20 Uhr	Wünsdorf
	18.28 - 18.52 Uhr	Großenhain, Berliner Bhf.
	19.25 - 19.57 Uhr	Lokwechsel in Dresden - Neustadt, Güterbhf.
	20.41 - 2o.44 Uhr	Freiberg
	20.59 - 21.06 Uhr	Öderan
	21.32 - 21.36 Uhr	Karl-Marx-Stadt Hauptbhf.
	22.01 - 22.06 Uhr	Hohenstein-Ernsttal
	22.39 - 23.20 Uhr	Lokwechsel in Zwickau
	23.55 - 0.21 Uhr	Hartenstein
Ankunft	0.28 Uhr	Poppenwald

Ab Zwickau Wird mit Diesellok gefahren in umgekehrter Wagenfolge, da Kopfbahnhof.

Zugkommandant der DR: Gen. Staroske

Der Zugfahrplan für den Geldtransport ins Erzgebirge

In den Tresoren der Staatsbank im Keller des ZK-Gebäudes in Berlin-Mitte herrschte schon Wochen vor dem Geldtransport eine bienenstockartige Geschäftigkeit. Das Altgeld musste in Jutesäcke verpackt und diese durch unterschiedliche Farben gekennzeichnet werden. Säcke mit 5-Mark-Scheinen etwa bekamen einen schwarzen Punkt aufgetupft, 100-Mark-Scheine einen blauen. Gelb stand für 10-Mark-Scheine, Rot für 20-, Grün für 50-Mark-Scheine.

In den Tresorräumen musste Bewegungsfreiheit geschaffen werden. Ein Maßnahmenplan der Abteilung Emission enthüllt, dass es im Tresor B offenbar zu düster war. Deshalb wurden »Genossin Niclas und Genosse Jahns« angewiesen, »in Zusammenarbeit mit der Abteilung Verwaltung des ZK der SED [...] eine verbesserte Ausleuchtung zu gewährleisten«. Wer, wenn nicht das Zentralkomitee, konnte auf die Schnelle ein paar zusätzliche Lampen organisieren?

Die Staatsbank ließ 400 Holzpaletten, 800 Spanngurte, einen kleinen Gabelstapler und 20 Hubwagen für den Transport sowie drei Förderbänder für die Beladung der Lastkraftwagen heranschaffen. Des Weiteren wurden 8 Sackkarren bereitgestellt, die beim Bestücken der Eisenbahnwaggons zum Einsatz kommen sollten. Sie wurden per Vertrag an das Wachregiment ausgeliehen. Die beiden Fahrstühle, mit denen die Geldpaletten vom Keller in den Hof befördert werden mussten, wurden einer Inspektion unterzogen; auch wurde vorsorglich ein Havariedienst für den Tag der Verladung eingeteilt.

Am 22. Oktober erschienen die Transportverantwortlichen des Wachregiments, um sich mit den Örtlichkeiten vertraut zu machen. Für sie standen mit Geldsäcken beladene Hubwagen als »Demonstrationsobjekte« bereit. Eines der Flurfördergeräte wurde in den Fahrstuhl geschoben und nach oben gebracht. Ein Offizier ermittelte die dafür nötige Zeit mit der Stoppuhr, um auszurechnen, wie lange seine Soldaten am Tag X benötigen würden.

Mitarbeiter der Staatsbank, welche die Auslagerung überwachen sollten, nahmen in der Zwischenzeit die vorbereiteten Zählbogen und Quittungen in Augenschein und erfuhren, wo sie Kreuzchen oder Striche machen mussten, beziehungsweise wer an welcher Stelle zu unterschreiben hatte.

Für die Aktion lagen 500 Zählbogen, 500 Quittungen mit je zwei Durchschlägen, 10 Entnahmeprotokolle und 10 »Vernichtungsprotokolle« bereit.

Die Staatsbank stellte eine Banknotenzählmaschine zur Verfügung und besorgte aus ihrer Bezirksdirektion in Erfurt zehn Taschenrechner, eine Reiseschreibmaschine und eine »Rechenmaschine mit vier Rechenarten«. Warum die Zentrale derlei Geräte nicht selbst vorhielt, bleibt ein Rätsel; vermutlich hat es mit der allgegenwärtigen DDR-Mangelwirtschaft zu tun.

Diese hinderte die Staatsbank freilich nicht daran, aufs Beste für die Arbeitskräfte zu sorgen, welche die Auslagerung erledigen sollten. Eigens für die Aktion »Vernichtung« wurden 50 Arbeitskittel, 10 Watteanzüge, 50 Handtücher, 50 Stück Seife, 30 Kleiderbügel, zwei Erste-Hilfe-Kästen sowie Arbeitsschutzhandschuhe zum Aufreißen beschädigter Säcke bereitgelegt. Außerdem wurde für »die Warmverpflegung von 140 Einsatzkräften« gesorgt. Es sollten Bockwürste, Kaffee, Tee und alkoholfreie Getränke gereicht werden. Direkt nach getaner Arbeit, die an einem Samstag und

Aktion Altgold
Nachrichtenverbindungen

BStU
0002

Persönlich
Streng vertraulich

1. Genosse Kaminsky 5o 987 45
2. " Meier 48 335 74
3. " Westphal 5o 826 o6
4. " Böttcher 22 912 62
5. DH d. Staatsbank 23 344 22
22 927 95
6. Betriebsschutz der VP -Staatsbank- 23 379 41
7. Genosse Philipp 55 o35 27
8. " Kolbe 47 29o 29
9. " Schäfer 65 654 19
1o. Tresor B ~~23 232 48~~
11. Tresor C 23 628 48
12. Ausgang Tresor -oben- 24 89

13. Bereitschaftsdienst im ZK 2o 227 57
2o 229 31
14. Havariedienst -Fahrstuhl u. Elektriker- 2o 227 57
2o 229 31
15. Wache im ZK 2o 238 1o
16. Küche im ZK 2o 229 72
17. Poliklinik 2o 258 63

Verteiler
Schichtleiter 2 x
Gen. Marschner 1 x
Reserve 2 x

Während der Aktion in Berlin hatten die Verantwortlichen Listen mit allen relevanten Telefonnummern

einem Sonntag geleistet werden musste, sollten die Staatsbankmitarbeiter »materiell stimuliert« werden. Noch ehe sie nach Hause gingen, bekamen sie eine Prämie ausgehändigt. Und das war noch nicht alles.

Es wurde außerdem ein Dankschreiben von Staatsbankpräsident Kaminsky aufgesetzt, das nach erfolgreichem Abschluss der Aktion an Stasiminister Erich Mielke geschickt werden sollte. Vorzuliegen hatte es bis zum 30. Oktober, also bereits eine Woche vor Beginn der Geldversenkung.

Was konnte da noch schiefgehen?

Die Staatsbank besaß einen eigenen Betriebsschutz, bestehend aus abkommandierten Volkspolizisten. Am Freitag, den 2. November 1984, lag dem Dienstführer eine Liste mit zehn Kfz-Kennzeichen vor, die zu Autos der Fabrikate Wartburg, Lada und Barkas gehörten. Ab 17:00 Uhr dürften diese Wagen ungehindert auf den Innenhof des ZK-Gebäudes fahren, lautete die Weisung.

Die Polizisten empfingen ihre Instruktionen von Oberst Michael, dem stellvertretenden Leiter der Hauptabteilung Personenschutz des MfS, die für die Sicherheit der Partei- und Staatsführung zuständig war. Michael wiederum hatte die Fahrzeugliste 2 Wochen zuvor von der Hauptabteilung XVIII bekommen. Es handelte sich um die Autos der Stasioffiziere, die für den Altgeldtransport verantwortlich waren und ständig zwischen dem Staatsbanktresor und der Kaserne des Wachregiments in Berlin-Adlershof pendeln mussten. Eine Sonderfreigabe war nötig, da sich die Tresorräume im selben Gebäude wie die ZK-Büros befanden. Nicht jeder hatte ohne Weiteres Zugang zum Hof. Für die Lkw des Wachregiments findet sich in den Unterlagen keine solche Weißliste. Offenbar waren Uniformen, militärisches Auftreten und mitgeführte Kalaschnikows Legitimation genug.

Wie auch immer: Um Punkt 17:00 Uhr am 2. November lief die Aktion »Vernichtung« auf dem ZK-Innenhof an. Ab sofort griff ein Rädchen ins andere. Das Getriebe kam erst 7 Tage später, am 9. November, 8:00 Uhr, in Schneeberg zum Stillstand. Bis dahin waren 425 Personen an der Operation beteiligt, davon 49 Mitarbeiter der Staatsbank, 8 von der Reichsbahn und 10 von der Wismut. Bei Letzteren handelte es sich vor allem um die Bergleute, die das Loch im Schacht 311 nach Abschluss der Arbeiten wieder verschließen mussten, nachdem in den Wochen davor 30 Kumpel die Schachtplombe durchbohrt hatten.

Das Gros der Beteiligten waren Stasileute und Dzierzynski-Soldaten. In Berlin kamen 25 Genossen in Zivil und 220 Angehörige des Wachregiments zum Einsatz, im Kreis Aue 13 Zivilgenossen und 100 Uniformierte. Der Geldtransport vom Tresor zum Güterzug erfolgte mit 13 Lastkraftwagen des Typs W50, nach Aue schickte das Wachregiment 9 W50 für die Fahrten zwischen Eisenbahnhaltepunkt »Poppenwald« und Schacht 311.

Für die Arbeit in den Tresorräumen teilte das Regiment die Einsatzkräfte in vier Schichten ein. Jede Schicht arbeitete 12 Stunden am Stück, dann übernahm die nächste Gruppe. Pro Durchgang waren 24 Soldaten damit beschäftigt, Geldsäcke auf Paletten zu stapeln und diese mit Hubwagen aus dem Tresorkeller in den Hof zu verfrachten, wo die Säcke mithilfe der Förderbänder auf die Lastkraftwagen geladen wurden.

Waren vier Lkw voll, setzte sich die kleine Kolonne in Richtung Adlershof in Bewegung. In der Hauptverkehrszeit – als solche galt der Zeitraum zwischen 6:00 und 22:00 Uhr – räumten den Militärlastern zwei Funkstreifenwagen der Verkehrspolizei den Weg frei. Pro Schicht standen 36 bewaffnete Soldaten als Bewachung bereit. Sie sicherten den Innenhof des ZK und fuhren in Barkas B 1000 als Begleitschutz mit. Alle 50 Minuten verließ eine Kolonne das Gebäude am Werderschen Markt.

Mit dem Transport der Scheine hatten die Staatsbankmitarbeiter nichts mehr zu tun. Nachdem die Auslagerung angelaufen war, bestand ihre Aufgabe darin, mit Argusaugen den Geldfluss zu überwachen. Zwischen Tresor und Wismut-Schacht wurden die Säcke und Paletten unablässig gezählt und auf Listen abgehakt. Die Bahnwaggons wurden verplombt und die Unversehrtheit der Plomben mehrfach kontrolliert. Insgesamt gab es sieben Kontrollstationen, die erste am Ausgang der Tresorkabinen, die letzte an den beiden Fließbändern in Schneeberg, über welche die Geldsäcke in die Blechrohre glitten. Sobald die Wismut ganz am Schluss Steine und Sand in den Schacht kippte und alles zubetonierte, war ebenfalls mindestens ein Staatsbanker anwesend, um die Versiegelung des Milliardengrabs zu bezeugen.

Als am Nachmittag des 4. November der letzte W50 in Richtung Adlershof entschwand, waren in den Tresoren der Staatsbank 22 Kabinen mit

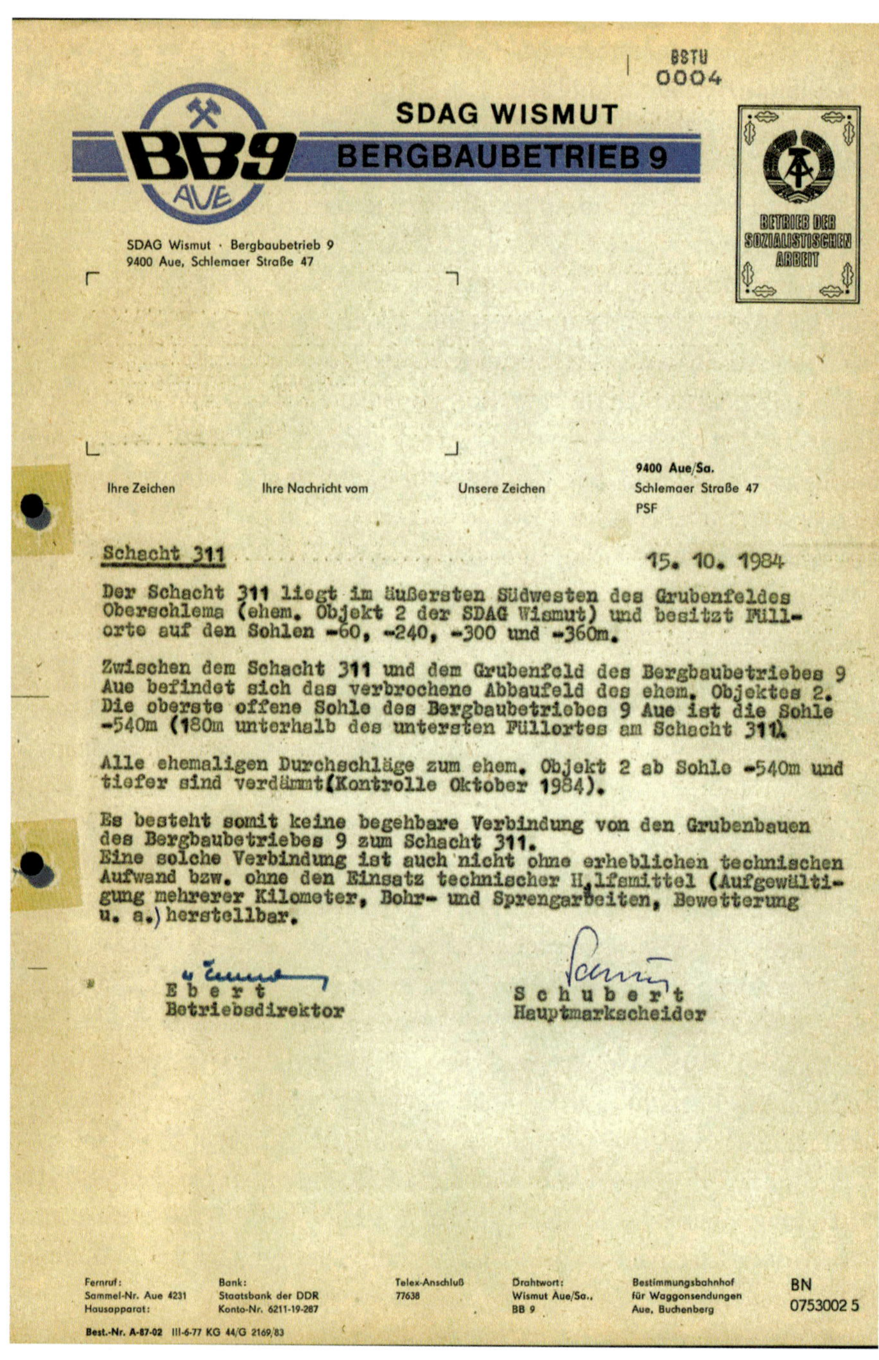

BSTU
0004

SDAG WISMUT
BB9 AUE
BERGBAUBETRIEB 9

BETRIEB DER SOZIALISTISCHEN ARBEIT

SDAG Wismut · Bergbaubetrieb 9
9400 Aue, Schlemaer Straße 47

Ihre Zeichen | Ihre Nachricht vom | Unsere Zeichen

9400 Aue/Sa.
Schlemaer Straße 47
PSF

Schacht 311 — 15. 10. 1984

Der Schacht 311 liegt im äußersten Südwesten des Grubenfeldes Oberschlema (ehem. Objekt 2 der SDAG Wismut) und besitzt Füllorte auf den Sohlen -60, -240, -300 und -360m.

Zwischen dem Schacht 311 und dem Grubenfeld des Bergbaubetriebes 9 Aue befindet sich das verbrochene Abbaufeld des ehem. Objektes 2. Die oberste offene Sohle des Bergbaubetriebes 9 Aue ist die Sohle -540m (180m unterhalb des untersten Füllortes am Schacht 311).

Alle ehemaligen Durchschläge zum ehem. Objekt 2 ab Sohle -540m und tiefer sind verdämmt (Kontrolle Oktober 1984).

Es besteht somit keine begehbare Verbindung von den Grubenbauen des Bergbaubetriebes 9 zum Schacht 311.
Eine solche Verbindung ist auch nicht ohne erheblichen technischen Aufwand bzw. ohne den Einsatz technischer Hilfsmittel (Aufgewältigung mehrerer Kilometer, Bohr- und Sprengarbeiten, Bewetterung u. a.) herstellbar.

Ebert
Betriebsdirektor

Schubert
Hauptmarkscheider

Fernruf: Sammel-Nr. Aue 4231 Hausapparat: | Bank: Staatsbank der DDR Konto-Nr. 6211-19-287 | Telex-Anschluß 77638 | Drahtwort: Wismut Aue/Sa., BB 9 | Bestimmungsbahnhof für Waggonsendungen Aue, Buchenberg | BN 0753002 5

Best.-Nr. A-87-02 III-6-77 KG 44/G 2169/83

Die Wismut bescheinigte der Staatsbank, dass der Schacht ein sicheres Depot ist

insgesamt 358 Quadratmetern Lagerfläche freigeräumt. Der Platz stand nunmehr für neue Geldscheine zur Verfügung, die im darauffolgenden Jahr in Leipzig gedruckt werden sollten: Die berühmten 200er und 500er, die Phantombanknoten der DDR, die niemals Eingang in den Zahlungskreislauf fanden, aber millionenfach bereitlagen (siehe Kapitel VI »Fette Beute. Das Geheimnis der großen Scheine«).

361 Tonnen speckiger, ungültiger Banknoten befanden sich jetzt, verpackt in 15 619 Jutesäcken, auf dem Weg ins Erzgebirge. In Worten handelte es sich um *sechs Milliarden, sechshundertachtzehn Millionen und neunhunderttausend DDR-Mark*. Sie wurden bewacht wie ein Staatsschatz, obwohl man sich keine Konsumsemmel dafür hätte kaufen können.

Die Kaserne des Wachregiments an der Rudower Chaussee in Berlin-Adlershof verfügte über einen eigenen Gleisanschluss. Hier wurden die Säcke mit dem Altgeld in die bereitstehenden Güterwaggons geladen. Wieder und wieder trafen Lkw in Viererkolonnen ein, Soldaten warfen die Jutebeutel von den Ladeflächen, schoben sie packweise auf den geliehenen Sackkarren zu den Eisenbahnwagen und reichten sie anderen Soldaten nach oben, die sie wie Tetris-Klötzchen in die Waggons stapelten. Rückenfreundliche Entladerampen wie später am Haltepunkt »Poppenwald« und am Schacht 311 gab es hier nicht. Es muss die reinste Knochenarbeit gewesen sein.

Am 4. November, 16:00 Uhr, übernahm der Zugkommandant die verplombten Waggons, die daraufhin auf den nahegelegenen Rangierbahnhof Schöneweide rollten. Ab hier galt ein Fahrplan, der mit der Deutschen Reichsbahn abgestimmt war. Abfahrt in Schöneweide: 16:26 Uhr. Ankunft am Haltepunkt »Poppenwald«: 0:28 Uhr am 5. November. Auf mehreren Bahnhöfen mussten planmäßig kurze Halts eingelegt werden, bis die Strecke frei von anderen Zügen war, so in Wünsdorf, Großenhain, Freiberg, Oederan, Karl-Marx-Stadt und Hohenstein-Ernstthal. Auf dem Güterbahnhof Dresden-Neustadt erfolgte ein Lokwechsel, in Zwickau ein weiterer. Von dort aus wurde der Zug mit einer Diesellok über Hartenstein nach Niederschlema gezogen.

Soldaten des Wachregiments fuhren in 2.-Klasse-Abteils mit oder nutzten den Liegewagen, um zu schlafen, sofern sie keinen Wach- oder Bereitschaftsdienst hatten.

Etwa zur selben Zeit bewegte sich eine Fahrzeugkolonne auf Rädern von Berlin aus durch die nächtliche DDR: Die neun Lastkraftwagen des Wachregiments, die für die Transporte nach Schneeberg benötigt wurden, sowie mehrere Lkws und Barkas der Hauptabteilung XVIII. Auch ein Sanitätsfahrzeug des Wachregiments war dabei, an Bord ein Feldscher, ein auf die Versorgung von im Kampf erlittenen Wunden spezialisierter Militärarzt. Man konnte ja nie wissen.

Die Wismut baute ebenfalls vor. Die Poliklinik Schlema hatte sich auf die medizinische Versorgung der Einsatzkräfte vorbereitet. Am Schacht 371, praktisch neben den Gleisen, hielt sich ein Betriebsarzt in Bereitschaft. Es ist nicht überliefert, dass er oder seine Kollegen eingreifen mussten.

Am Montagmorgen gegen 8:00 Uhr begann die Entladung des Altgeldzuges. Die W50 des Wachregiments rollten paarweise über Hartenstein nach Wildbach und von dort ein kurzes Stück auf der heutigen Silberbachstraße zum Schacht 311. Begleitet wurden sie jeweils von zwei Sicherungsfahrzeugen, die vor und hinter dem Lastenduo fuhren.

Der Weg durch Wildbach wäre kürzer gewesen, doch im Dorf gibt es mehrere Engstellen – etwa am alten Forsthaus –, an denen ein voll beladener Militärlaster Probleme bekommen hätte. Zusätzlich mussten die Fahrer mit Gegenverkehr durch Lkw rechnen, die leer vom Schacht 311 zurückkehrten, um die nächste Ladung zu holen. Aus diesem Grund mussten die Transporteure einen Umweg in Kauf nehmen.

Wildbach selbst wurde am 5. und 6. November in weiten Teilen zur Einbahnstraße. Um die Strecke freizuhalten, leitete die Verkehrspolizei den örtlichen Verkehr um. Außerdem stand Räum- und Streutechnik in Bereitschaft, damit man für einen frühen Wintereinbruch gewappnet war. Unberechenbares Erzgebirge.

Über Komplikationen findet sich nichts im Abschlussbericht des MfS. Die Technik lief, die Säcke purzelten, der Winter hielt sich zurück, und die Zähler von der Staatsbank machten, eingemummelt in ihre Watteanzüge, ihre Häkchen.

»Am 6. November wurden die zwei Öffnungen des Schachtes verschlossen … Alle Aufgaben verliefen ordnungsgemäß«, konstatierte der Auer Stasichef Hattann in seinem Abschlussbericht an die MfS-Bezirksverwal-

Die Karte mit Fahrtstrecke der Militärlaster zwischen Haltepunkt Poppenwald und dem Schacht 311

tung. Seinem Schriftstück zufolge wurde der Schacht 311 am 7. und 8. November zubetoniert.

Andy Tauber, heute Bereichsleiter Sanierung bei der Wismut GmbH, hat in seinen Unterlagen nachgesehen: »Nachdem die Geldsäcke drin waren, haben sie die beiden Blechrohre herausgezogen. Die Löcher wurden mit Blechdeckeln verschlossen und mit frischem Beton aufgefüllt. Danach ist auf die alte Plombe zusätzlich eine 2,50 Meter dicke Platte betoniert worden. Die Gesamtplombe war jetzt 7,50 Meter dick.«

Im Anschluss füllte die Wismut die Schachtröhre von der Plombe bis zur Rasenkante mit Bauschutt auf. Laut dem Stasibericht waren die Betonierarbeiten am 21. November abgeschlossen. Am 30. November war das Schachtgelände aufgeräumt. Nichts erinnerte mehr an die Aktion »Vernichtung«. Der Schacht 311 ruhte still. Bis 5 Jahre später hier erneut Betriebsamkeit herrschte. Aber das ist ein anderes Kapitel.

Was Staatsbank, Stasi und Wismut 1984 umsetzten, mutet an, als sei es darum gegangen, einen Goldtransport heimlich nach Fort Knox zu schleusen und ihn dabei gegen ein Superhirn wie den britischen Eisenbahnräuber Ronald Biggs zu verteidigen. Dabei enthielten die Waggons bloß wertloses Papiergeld.

Oder etwa nicht?

6 Jahre zuvor, als Staatsbankpräsident Kaminsky erstmals versuchte, von Günter Mittag die Erlaubnis zur Aktion »Vernichtung« zu bekommen, ging es um zwar abgenutzte, allerdings noch immer gültige Scheine. In seinem Brief an den ZK-Sekretär erwähnte der Bankdirektor »gültige Banknoten der Ausgaben 1964 und 1971/75«. Mit denen hätte man, obwohl sie abgewetzt waren, sämtliche HO-Kaufhäuser der DDR leerkaufen können. Die insgesamt 10,5 Milliarden Mark Altgeld stellten 1978 einen immensen Schatz in stark gebrauchten Scheinen dar.

Inzwischen hatte sich die Lage jedoch geändert.

Die Banknoten der Ausgabe von 1964 hatten am 31. Dezember 1982 aufgehört, gültiges Zahlungsmittel zu sein. Sie waren nicht nur wegen ihres Verschleißes, sondern vor allem aus politischen Gründen aussortiert worden.

Noch 1964 hatte die DDR-Führung auf jeden Schein die Bezeichnung »Mark der Deutschen Notenbank« drucken lassen. Das war ein Anklang an das bei Gründung der Republik ausgegebene Ziel der deutschen Wiedervereinigung gewesen. Dessen Erreichen war inzwischen nicht nur aus realistischer Sicht in weite Ferne gerückt, sondern von Honecker und Konsorten auch gar nicht mehr gewollt. Vieles, was bisher das Adjektiv »deutsch« im Namen führte, wurde nach und nach in »… der DDR« umbenannt – auch das Geld. Aus »Mark der Deutschen Notenbank« wurde auf den ab 1971 ausgegebenen Banknoten »Mark der DDR«. Und die »Deutsche Notenbank« war in »Staatsbank der DDR« umgetauft worden.

Bis Ende 1983 konnten DDR-Bürger ihre 1964er-Geldscheine bei der Staatsbank umtauschen. Als die Aktion »Vernichtung« 1984 dann endlich anlief, ließ sich mit diesen Banknoten rein gar nichts mehr anfangen. Sie besaßen allenfalls noch Sammlerwert. Zum Sammeln aber waren sie zu abgegriffen. Ihr tatsächlicher Wert tendierte also gegen Nullkommanichts.

Allerdings waren da noch die von Horst Kaminsky in seinem ersten Antrag an Günter Mittag erwähnten Geldscheine der Ausgaben von 1971 und 1975. Dabei handelte es sich um Mark der DDR mit den Konterfeis von Revoluzzern, Widerstandskämpfern und Denkern wie Friedrich Engels und Clara Zetkin (Ausgabe 1971) oder Goethe, Luther und Karl Marx (1975). Sie besaßen volle Gültigkeit und könnten den hohen Sicherheitsaufwand bei der Entsorgung erklären.

Als die Aktion »Vernichtung« im Sommer 1984 in die Gänge kam, war jedoch lediglich noch von »Banknoten der Ausgabe 1964« die Rede. Die »circa 20 000 Säcke« aus Kaminskys Aufstellung von 1978 schrumpften in den Akten auf 15 619 Säcke zusammen. Statt um 10,5 Milliarden Mark ging es bloß noch um »6 618,9 Millionen Mark«. Die Menge des zu entsorgenden Altgeldes war also um 3,9 Milliarden Mark gesunken. Diese Angaben ziehen sich stimmig durch den gesamten Schriftverkehr der 1984er-Operation. Das legt nahe, dass die verschlissenen, aber noch gültigen Geldscheine der Ausgaben 1971 und 1975 in Berlin geblieben sind. Was aus ihnen wurde, geht aus den uns vorliegenden Unterlagen nicht hervor.

Da aber auch dieses Altgeld in den Kellern des ZK-Gebäudes viel Lagerplatz in Beschlag nahm und entsorgt werden musste, kam dafür möglicherweise die vom Bankpräsidenten bereits 1980 erwähnte Zerkleinerungsmaschine zum Einsatz. Das Geld könnte nach und nach geschreddert und in der Müllverbrennungsanlage Berlin-Lichtenberg verheizt worden

BSTU 0220

Gen. [illegible] 15.08.84
Gen. [illegible] Stv. GD Ökonomie
(Gen. [illegible] 1. Stv. GD)

– Realisierung Schacht 517
Orientierung an Anlage, die Plombe

30 m Verfüllung muß bleiben [illegible]
5 m Plombe benötigt. (6 [illegible] z. Wiedereröffnung)
300–350 Beton [illegible]

1. – Wildbach-[illegible]

2. Niederschlema

Frühester Termin November

Hauptmarkscheider [illegible]
Stv. [illegible]
Ltr. Wiederurbarmachung [illegible]
Hauptingenieur [illegible]
[illegible] SDG
Gr. Ltr. [illegible] Möbius, [illegible]

Aufwand 250 000,– Mark Aufbereitung

bis 30 m wird gefüllt, Schacht plombiert, damit kein Verbruch

Handschriftliche Notizen aus einer Beratung im Vorfeld der Aktion »Vernichtung«

sein. Das hätte den Vorteil gehabt, dass die Staatsbank dem Risiko aus dem Weg ging, tonnenweise gültige Zahlungsmittel durch die halbe DDR zu verfrachten und sie womöglich an Nacheiferer von Butch Cassidy zu verlieren, vor denen man ja offenbar einigen Bammel hatte. Die Stasi hielt trotzdem stur an ihren zementierten Einsatzgrundsätzen für Werttransporte fest, obwohl es sich genau genommen um einen Nichts-mehr-wert-Transport handelte, und die Wismut tat einfach, was von ihr erwartet wurde.

Die generalstabsmäßig durchgeplante Verkippung von entwertetem Wertpapier im Wismut-Schacht 311 mittels einer Hochsicherheitsoperation war demzufolge einer Mischung aus Betonbürokratie und DDR-Paranoia geschuldet.

Heute erscheint dieses Hochsicherheitsgewese lächerlich. In den Akten ist neben »materiell-technischen Maßnahmen« auch immer wieder von »politisch-operativer Sicherung« die Rede. Wie die DDR-Führung halt so tickte: Alles war politisch, und der Einzelne durfte an seinem Kampfplatz für den Frieden nur das wissen, was zur Erfüllung seiner Aufgaben unbedingt nötig war.

Im Hinterkopf behalten sollten wir die Tatsache, dass die Staatsbank seit etwa 1980 in der Lage war, Altpapier in Rauch aufgehen zu lassen. Das wird von Bedeutung sein, wenn wir auf die Ereignisse des Jahres 1990 zu sprechen kommen.

Soldaten des Wachregiments am einstigen Schacht 311, von dem damals nur noch das ehemalige Maschinenhaus stand. Unter dem Dreibein liegt die Schachtröhre.

Geheim-operation in Bildern

Die Bilddokumentation [redacted] zur Aktion »Vernichtung« [redacted]

Die Aktion »Vernichtung« im November 1984 wurde von der Stasi Schritt für Schritt im Bild festgehalten. Sowohl in Berlin als auch im Erzgebirge drückten Fotografen des MfS wieder und wieder auf den Auslöser ihrer Kamera. Vom Eisenbahntransport selbst sind keine Fotos bekannt.

Viele Motive ähneln einander, manches wurde doppelt und dreifach aufgenommen. Dieses Kapitel zeigt eine Auswahl der im Bundesarchiv vorhandenen Fotografien. Sie wurden so angeordnet, dass sie die Geldvernichtungsoperation in Form einer Bildergeschichte dokumentieren.

PHASE I: BERLIN

1 Die Auslagerung beginnt. Soldaten des Wachregiments wuchten Geldsäcke aus den Tresorkabinen.

2 Eine Mitarbeiterin der Staatsbank beginnt sofort mit der Zählung. Ein Mitarbeiter sorgt dafür, dass die vorgesehene Stückzahl eingehalten wird.

3 Ein Staatsbankmitarbeiter bringt Farbmarkierungen an. Grün bedeutet: In diesen Säcken befinden sich 50-Mark-Scheine.

4 20-Mark-Scheine bereit zum Abtransport. Auf jede Holzpalette mussten 25 Säcke gestapelt werden. Das heißt, einer lag einzeln ganz oben.

5 Ein Soldat zieht eine der Paletten mit einem Hubwagen durch den Tresorgang. Die Geldsäcke rechts sind offenbar nicht zur Vernichtung vorgesehen. Die Stapel entsprechen nicht der Vorschrift für diesen Transport und sind nicht farblich markiert.

6 Ein Hubwagen verlässt den Tresortrakt, erkennbar an der dicken Panzertür. Wieder werden die Säcke gezählt, in diesem Fall wohl die Anzahl der Paletten.

7 Soldaten fahren zwei Hubwagen in den Aufzug. Im Hintergrund der Fahrstuhlführer.

8 Auf dem Innenhof des ZK-Gebäudes werden die Geldsäcke mithilfe von Förderbändern in Lkw des Wachregiments verladen.

9 Pro Lkw waren 150 Säcke vorgesehen. Ein »Häkchenmacher« der Staatsbank zählt mit.

10 Eine der Kolonnen bewegt sich durch Berlin. Der Trabi links auf dem Standstreifen wurde durch den Begleitschutz offenbar herausgewunken.

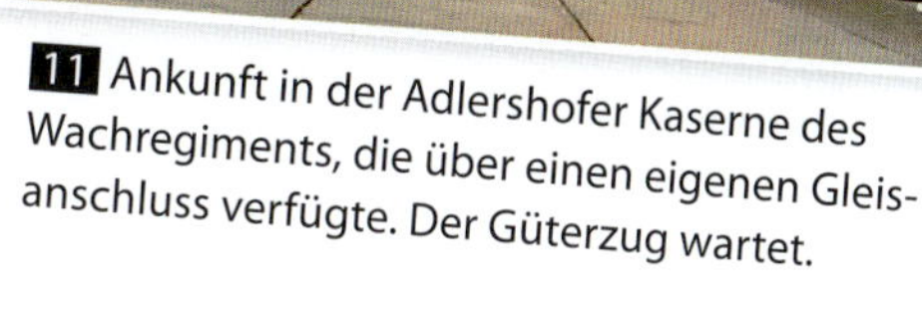

11 Ankunft in der Adlershofer Kaserne des Wachregiments, die über einen eigenen Gleisanschluss verfügte. Der Güterzug wartet.

12 Soldaten stapeln die Jutesäcke mit dem Altgeld in die Eisenbahnwaggons

PHASE II: HALTEPUNKT »POPPENWALD«, NIEDERSCHLEMA

13 Der Zug ist in der Nacht am Haltepunkt »Poppenwald« angekommen. Im Hintergrund das ehemalige Heizwerk der SDAG Wismut.

14 Die leeren Lkw und die Begleitschutzfahrzeuge der Hauptabteilung XVIII trafen am Morgen ein

15 Die von der Wismut gezimmerten Entladerampen

16 Soldaten des Wachregiments öffnen einen der Güterwaggons

17 Entladung über eine der Rampen in einen Lastkraftwagen

18 Offenbar wurde auch ohne Rampe entladen. Ein Aufpasser der Staatsbank (mit Pudelmütze) überwacht den Vorgang.

19 Der hintere Teil des Zuges ist jetzt leergeräumt

20 Vom Haltepunkt »Poppenwald« führte die Fahrt am Heizwerk vorbei auf die heutige Talstraße

PHASE III: UNTERWEGS NACH HARTENSTEIN UND WILDBACH

21 Zwei Lastwagen mit Begleitschutz haben das Bahngelände verlassen und fahren in Richtung Hartenstein

22 Die kleine Kolonne ist unterwegs, hier vermutlich in der Nähe der Burg Stein. Markante Wegmarken haben die Stasifotografen, ob Zufall oder nicht, weitgehend gemieden.

23 Abbiegen in Richtung Wildbach. Ein Stück hinter der Kurve müsste Schloss Wolfsbrunn liegen.

24 Die Kolonne erreicht das obere Ende des Dorfs Wildbach

25 Weiterfahrt in Richtung Schneeberg

26 Trabi im Gegenverkehr. Der Fahrer scheint der Umleitung, die an diesem Tag galt, entgangen zu sein.

27 Einfahrt ins Gelände von Schacht 311

28 Vor Ort wartet die Arbeitsbühne mit den beiden Schüttöffnungen. Die Wismut hat Sand und Bauschutt herangekarrt, der auf das versenkte Geld gekippt werden soll.

PHASE IV: AM SCHACHT 311 IN SCHNEEBERG

29 Plane hoch!
Ein Lkw wird für die Entladung vorbereitet.

30 Rückwärts an die Rampe, dann beginnt das Ausladen der Geldsäcke

31 Überblick über die Arbeitsstationen auf der Holzbühne, die direkt auf der Schachtröhre steht. Ein Schachtgebäude gab es nicht mehr, da der Schacht 311 bereits stillgelegt war.

32 Soldaten des Wachregiments entladen einen Lkw

33 Auch hier wieder dabei: ein Kontrolleur von der Staatsbank. Er trägt einen der Watteanzüge, die eigens für die Aktion besorgt worden waren.

34 Blick auf die geschlossenen Einwurföffnungen

35 Im Schacht darunter sah es so aus. Leitern führten mehrere Etagen in die Tiefe. Links im Bild: Eines der Blechrohre, durch welche die Säcke in die Tiefe fielen.

36 Die Förderbänder stehen an den Rohröffnungen, Geldsäcke gleiten hinein. Ein leitender Mitarbeiter der Wismut schaut zu.

37 Beide Förderbänder liefen gleichzeitig; es wurden jeweils zwei Lkw parallel entladen

38 Säcke auf dem Weg ins Dunkel. Die Staatsbank zählt mit.

39 Ein Geldsack verschwindet in der Schachtöffnung

40 Nachdem alles Geld am Grund des Bergwerks ruhte, begannen Männer der Wismut das bereitliegende Haufwerk über Förderbänder zu den Schachtöffnungen zu transportieren

41 In die Blechrohre waren jetzt solche Trichter gesteckt worden …

42 … durch die sich Steine und Sand auf den »Geldberg« ergossen. Von den anschließenden Betonierarbeiten befinden sich in den Stasiakten keine Fotos.

Das Gelände von Schacht 311 in der Nachwendezeit. Das Foto stammt aus dem Mai 1994. Über das, was im Jahr 1990 hier geschah, gab es viele Gerüchte.

Ende mit Fragen

Die Aktion »Vernichtung II« 1989/90

Im Frühling 1989 bereitete die Stasihauptabteilung XVIII die nächste große Geheimoperation im Erzgebirge vor. 5 Jahre waren seit der Aktion »Vernichtung« vergangen, die wie am Schnürchen gelaufen war. Inzwischen gab es erneut einen Wertpapierstau, diesmal nicht in der Staatsbank, deren Geldschredder anscheinend ordentliche Arbeit leisteten, sondern in der Wertpapierdruckerei Leipzig.

Wie bereits 1983, als die Druckerei den Schindlerschacht als Endlager nutzte, hatte sich eine Menge fehlerhaft bedrucktes Spezialpapier angesammelt. In den Stasiberichten ist von »Makulatur aus der Produktion von Banknoten und anderen geheimen Dokumenten« die Rede. Da lässt sich einiges hineininterpretieren. Zieht man das typische Tschekistengeschwurbel ab, dürfte es auch diesmal um unsauber gedruckte Geldscheine verschiedener Währungen sowie um Personaldokumente gegangen sein. Geheim war daran vermutlich nur die Tatsache, dass die Wertpapierdruckerei Geld und Pässe für andere Staaten herstellte. Man befürchtete wohl, der Klassenfeind könne versuchen, der DDR diese devisenträchtigen Aufträge abzujagen.

Ein Bericht der MfS-Bezirksverwaltung Karl-Marx-Stadt von Mitte Juni 1989 nennt eine »Größenordnung von circa 200 Tonnen«. Bereits einen Monat zuvor waren die Eckpfeiler für die neuerliche Entsorgung eingeschlagen worden. Aufgrund der guten Erfahrungen bei der Geldverkippung im Schacht 311 wollte die Stasi auch diesmal mit der SDAG Wismut zusammenarbeiten. An der illuster besetzten Auftaktberatung am 24. Mai in Aue nahmen Wismut-Generaldirektor Horst Bellmann, der Direktor des Wismut-Bergbaubetriebs 09, Christoph Rudolph, ein Vertreter des Ministeriums der Finanzen, ein Mitglied der Arbeitsgruppe Vorratswirtschaft beim Ministerrat der DDR sowie Abgesandte der Wertpapierdruckerei und der Stasihauptabteilung XVIII teil. Die Wismut versicherte, dass der Schacht 311 noch einiges an diffizilem Altpapier schlucken könne. Man einigte sich darauf, die Operation von 1985 praktisch 1:1 zu wiederholen. Als Name wurde »Vernichtung II« festgelegt.

Das alte Maschinenhaus des Schachts 311 war das einzige Gebäude, das 1989 noch stand. Die Situation vor Ort war dieselbe wie 1984. Dieses Bild entstand in den 1990er Jahren.

Einmal mehr setzte sich das bewährte Räderwerk in Bewegung. Bloß sollte diesmal alles anders kommen, denn die Zeiten hatten sich geändert. Auch wenn es im Frühjahr 1989 keiner der Beteiligten wahrhaben wollte: Die DDR dümpelte ihrem Ende und das Land einer anderen Art von Frühling entgegen.

Da die Plombe im Schacht 311 am Ende der 1985er-Aktion repariert und zusätzlich mit einer 2,50 Meter dicken Platte bedeckt worden war, mussten sich die Wismut-Kumpel diesmal durch 7,50 Meter Beton pickeln. Danach installierten sie erneut zwei Blechrohre und zimmerten eine Arbeitsplattform. Eine in den Stasiakten enthaltene Lageskizze zeigt, dass der Verschüttungsort 1989 exakt genauso aufgebaut war wie 1985.

»Bevor sie die Plombe durchbohren konnten, musste aber erst wieder das Haufwerk aus der Schachtröhre geholt werden«, sagt Andy Tauber, der Leiter des Bereichs Sanierung Aue der heutigen Wismut GmbH. Auf die

Bergleute wartete erneut Knochenarbeit, doch die Wismut-Verantwortlichen schätzten, dass der Schacht Ende August 1989 bereit sein würde.

Die Teilnehmer der Anlaufberatung gingen davon aus, dass die Aktion »Vernichtung II« Anfang bis Mitte September über die Bühne gehen könnte. Wäre es dabei geblieben, hätte es die Turbulenzen, Gerüchte und Spekulationen, zu denen es diesmal kommen sollte, vermutlich nie gegeben.

Bereits im August ist in den Stasiplänen jedoch von einer »Durchführung in der 2. Oktoberhälfte« die Rede. Woran die Verschiebung lag, geht aus den Unterlagen nicht hervor. Möglicherweise hing es damit zusammen, dass die Genossen der Wertpapierdruckerei von den Gegebenheiten am Schacht 311 überrascht wurden. So lagerte das Makulaturpapier in Leipzig auf Paletten. Da die Geldrutschen in Schneeberg aber nur ein bestimmtes Packmaß zuließen, musste es zunächst in Säcke umgepackt werden.

Mitte Juni lag eine erste Berechnung vor: 12 000 Säcke mussten beschafft und befüllt werden. Die Menge des zu entsorgenden Papiers war inzwischen auf 220 Tonnen angewachsen. Später rechnete die Hauptabteilung XVIII sogar mit bis zu 22 000 Säcken, von denen jeder 20 Kilogramm wiegen würde. Wie viele es am Ende wirklich wurden, ist den Unterlagen nicht zu entnehmen, doch sicher ist: Auch in der Wertpapierdruckerei war vorab einiges an Knochenarbeit zu leisten.

Die Transportlogistik änderte sich ebenfalls. Mitte Juni ging die MfS-Bezirksverwaltung in Anlehnung an die 1984er-Aktion noch von einer Kombination aus Eisenbahn- und Lkw-Beförderung aus. Das Wertpapier sollte aus der Druckerei mit Lastkraftwagen zur Reichsbahn gebracht werden, die für den Weitertransport auf der Schiene 33 Containerwaggons bereitzustellen hatte. Nach der Entladung am Haltepunkt »Poppenwald« sollten Lkw die Papiersäcke abholen und nach Schneeberg karren. Der VEB Kraftverkehr wurde verpflichtet, 17 Sattelauflieger bereitzuhalten. Die ganze Aktion sollte 3 Tage dauern.

2 Monate später plante die Stasihauptabteilung XVIII einen reinen Lkw-Transport, für den das Wachregiment »Feliks Dzierzynski« nicht nur den Begleitschutz, sondern auch die nötige Kfz-Technik mitbringen sollte. Jetzt war ein Aktionszeitraum von 7 Tagen im Gespräch. Die Durchführung wurde ins 4. Quartal 1989 verlegt. Mitte September konkretisierte man den Zeitraum auf 23. bis 27. Oktober.

Die Transporte sollten mit zehn Sattelaufliegern, aufgeteilt in zwei Kolonnen erfolgen. Waren die ersten fünf Laster in der Druckerei beladen, sollten sie nach Schneeberg abfahren. Dann würde die Beladung der nächsten fünf Lkw erfolgen. Jede Kolonne würde die Fahrt zweimal unternehmen. Als Begleitschutz waren je zwei Barkas B 1000 und ein Lada mit insgesamt elf Bewaffneten vorgesehen, die Lkw-Fahrer nicht mitgezählt.

Inzwischen hatten die Verantwortlichen für den Wertpapiertransport das Rumoren im Land wahrgenommen. Ungarn öffnete die Grenze nach Österreich, immer mehr Menschen verließen die DDR, Oppositionelle sammelten sich im Neuen Forum, in Leipzig formierten sich die ersten Montagsdemonstrationen.

Wegen der sich aufheizenden Stimmung wurde verfügt, dass das Wachregiment diesmal getarnt zu operieren hatte. Statt Felddienstuniformen würden die Soldaten Zivilkleidung tragen; die Verladekräfte erhielten blaue Arbeitskombinationen. Die Kalaschnikow-Sturmgewehre mussten in den

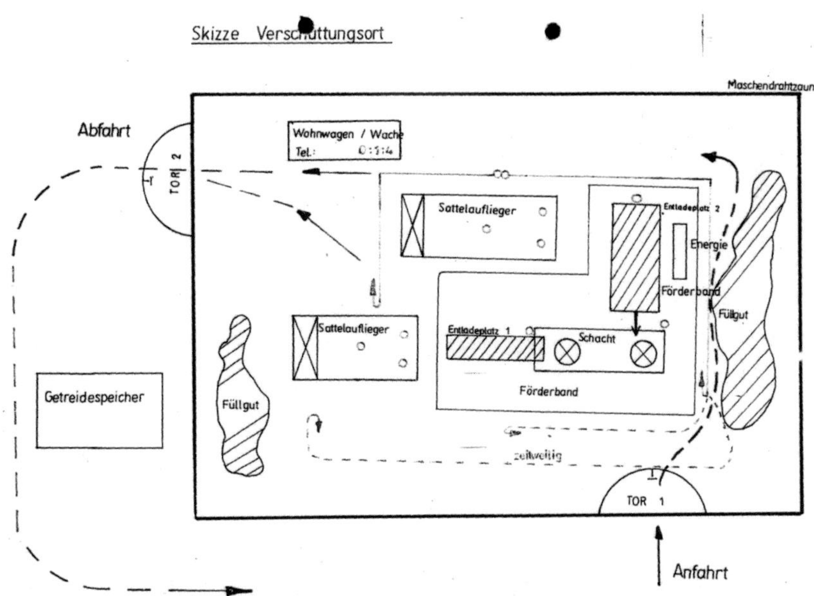

Diese Lageskizze machten Stasi-Leute im Vorfeld der für Oktober 1989 geplanten Aktion. Der Blickwinkel wurde aus Sicht der anfahrenden Lkws gewählt. Der »Getreidespeicher« links meint das Maschinenhaus.

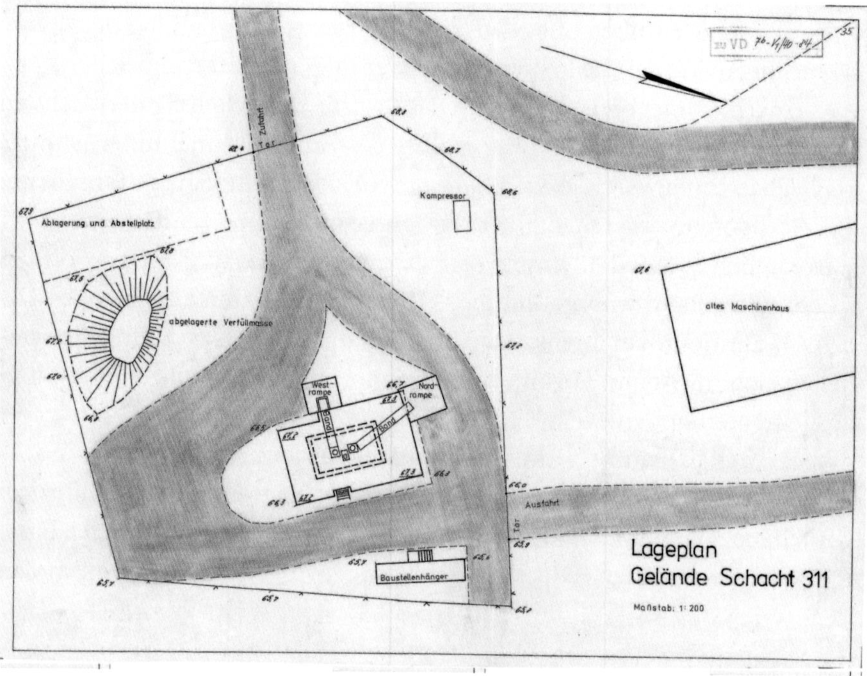

Eine weitere Lageskizze, diesmal von der Wismut. Der Zeichner malte sie aus der entgegengesetzten Richtung und wusste, dass das Gebäude ein Maschinenhaus war.

Waffenkammern bleiben. Das Begleitkommando sollte lediglich mit Makarow-Pistolen in verdeckten Schulterholstern bewaffnet sein.

Daran zeigt sich wieder die schizophrene Logik der sozialistischen Führungskräfte: 1984, als im Land alles seinen sozialistischen Trott ging und die DDR eins der sichersten Länder in Europa war, wurde wertloses Altgeld unter einem bärbeißigen Begleitschutz transportiert. Als es 1989 im Land gärte und Übergriffe ein wenig wahrscheinlicher wurden, hat man die Sicherheit plötzlich auf ein Normalmaß gestutzt – wenn auch zugunsten größerer Heimlichkeit.

Alle vorbeugenden Maßnahmen dienten »zur Vermeidung von Diskussionen und Spekulationen unter der Bevölkerung«. Zu diesem Zweck dachte man sich Anfang Oktober noch eine Tarngeschichte aus. Neugierige Dörfler und misstrauische Bürgerrechtler, die etwas von den Transporten spitzkriegten, sollten mit der Legende »Verkippung von Papier des Ministeriums der Finanzen« ruhiggestellt werden. Auch das ist wieder so eine DDR-Skurrilität. Denn die Coverstory entsprach ja der Wahrheit. Es fehlte bloß der Zusatz »Spezial«- oder »Wert«-Papier.

Eine Woche nach dem 40. Republikgeburtstag, der von aufmüpfigen Gegenkundgebungen begleitet wurde, konnte sich das MfS den kommenden Umsturz noch immer nicht vorstellen. Das Räderwerk der Aktion »Vernichtung II« drehte sich unbeeindruckt weiter. Für Schneeberg und Wildbach wurden wie 1984 Umleitungen und Sperrzonen geplant, die Offiziere des Wachregiments teilten die Genossen ein, die bei den Transporten dabei sein sollten. Ihnen wurde befohlen, Schlafsäcke, Luftmatratzen und Kochgeschirr mitzuführen. Die Hauptabteilung XVIII orderte bei der Verwaltung Rückwärtige Dienste 70 Verpflegungsbeutel sowie 2 Kilogramm Kaffee für die Einsatzkräfte. Jeder Essensbeutel enthielt unter anderem Grapefruitsaft, Erdnüsse, Schokolade, Kokosflocken, vier Schrippen und ein Schnitzel. Gesamtwert: 20 Mark pro Beutel.

Weitere 10 Tage später ging der ausgefeilte Plan den Bach runter. Die DDR befand sich in offenem Aufruhr, und das MfS wagte es nicht mehr, einige Zehntausend geheimnisvolle Säcke unter schwerer Bewachung aus dem aufständischem Leipzig hinauszukarren, obwohl es sich bloß um Fehldrucke handelte. Wie wäre das von der argusäugigen Bürgerbewegung aufgenommen worden? Mit Diskussionen und Spekulationen, und das nicht zu knapp. Daher wurde die Aktion »Vernichtung II« vertagt.

Wie es weiterging, steht nicht in den Stasiakten. Die brechen nach dem 16. Oktober einfach ab. Der Abschlussbericht, welcher bis zum 31. Oktober durch den stellvertretenden Einsatzleiter, Major Pomerenke, vorgelegt werden sollte, wurde nie geschrieben. Und bald darauf war das MfS selbst Makulatur.

Während die Bürger auf die Straße gingen, sich auf Versammlungen die Köpfe heißredeten und die Staatsmacht wohl oder übel den Kopf einzog, stand die Arbeitsbühne am Schacht 311 verwaist in der Landschaft und wartete auf 220 Tonnen vermurkstes Wertpapier. Obwohl das Gelände hinter einem Stacheldrahtzaun lag, fiel die Plattform aus hellem Rohholz auf. Auch hatten vermutlich einige Wismut-Kumpel unter Freunden, Bekannten und Nachbarn ausgeplaudert, dass am stillgelegten Schacht etwas Seltsames vor sich ging. Über den wahren Zweck der Bühne mit den beiden Öffnungen zur Unterwelt waren zwar nur wenige leitende Mitarbeiter

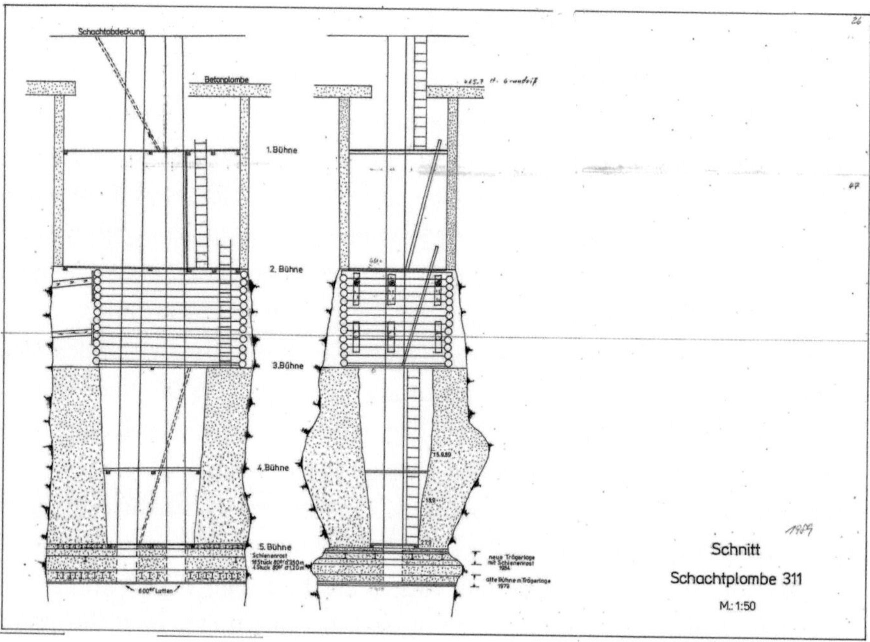

Der Schacht 311 nach der Öffnung im Jahr 1989. Zu erkennen sind die beiden Rohre, durch welche die Säcke nach unten fielen, und die durchbohrte Schachtplombe.

informiert, Augen im Kopf aber hatten natürlich auch jene Kollegen, die am Durchbohren der Schachtplombe und am Bau der Plattform beteiligt gewesen waren.

Gerüchte schossen ins Kraut. Das extremste lautete, dass im Schacht 311 bei Nacht und Nebel ausrangierte Kernbrennstäbe aus den DDR-Atomkraftwerken Lubmin und Rheinsberg versenkt würden. Darüber wurde auf einem Umweltforum am 13. November 1989 im Auer Lichtspielhaus am Ernst-Geßner-Platz (heute: Postplatz; das Kino wurde inzwischen abgerissen) allen Ernstes diskutiert.

Christoph Rudolph, der Direktor des Wismut-Bergbaubetriebs Aue, stand der aufgeheizten Menge Rede und Antwort. Er verneinte energisch, dass der stillgelegte Schacht klammheimlich in ein Atomendlager verwandelt werde, sah sich aber sofort der Frage ausgesetzt, was denn dann am Schacht 311 vor sich gehe.

Das Klügste wäre jetzt gewesen, den Bürgern reinen Wein über die wertlosen Wertpapiere einzuschenken. Aber dies war noch immer die DDR und Rudolph gehörte zu ihren Geheimnisträgern. Die Wismut galt als eine Art Rüstungsbetrieb. Der Direktor der Hauptlagerstätte musste im Dienst eine Pistole tragen, um sich gegen Übergriffe des Klassenfeinds verteidigen zu können. Rudolph war zwar über die Aktion »Vernichtung II« im Bilde, fühlte sich jedoch nicht befugt, Interna auszuplaudern. Deshalb antwortete er ausweichend, im Schacht 311 würden »alte Akten des Finanzministeriums« eingelagert. Das war so nah an der Wahrheit, wie er zuzugeben wagte.

Die Menge spürte, dass er etwas verschwieg. Matthias Schubert, ein Vertreter des Neuen Forums Aue, nannte Rudolphs Erklärung »wundersam«. In einem Beitrag auf der Seite, die sich das Neue Forum in der SED-Bezirkszeitung Freie Presse erstritten hatte, schrieb Schubert: »Wir fragen uns, sind diese Akten eventuell brisanter und ›strahlender‹ als die von der Bevölkerung befürchteten Kernbrennstäbe?« Zum ersten Mal wurde hier angedeutet, dass die Staatsmacht versuchen könnte, mithilfe der Wismut explosive Dokumente zu vernichten.

Das Brisanteste, was zu diesem Zeitpunkt für die Schachtversenkung im Gespräch war, waren alte SED-Parteidokumente. Eine Anfrage, ob es möglich sei, diese zusammen mit der Makulatur aus Leipzig zu verkippen, lag Anfang Oktober auf Rudolphs Schreibtisch. Die Entscheidung wurde in Abstimmung mit der Stasihauptabteilung XVIII an das Ministerium der Finanzen weitergegeben. Wie die Antwort lautete und ob sie infolge der Wendewirren überhaupt noch erfolgte, ist nicht bekannt.

Heikel war dieses Vorhaben jedenfalls nicht. »SED-Parteidokumente« mag sich nach Unterlagen zu halbseidenen Mauscheleien anhören. Als »Dokumente« wurden in der DDR jedoch auch alle möglichen Ausweispapiere bezeichnet. So wurde man bei einer Polizeikontrolle nicht zwangsläufig um seinen Personalausweis gebeten. Manche Uniformierte fragten, ob man sein »Dokument« dabeihabe. Seinen Ursprung hat dies in der sowjetischen Besatzungszeit, als Militärposten grundsätzlich nicht nach einem Pass oder Ausweis, sondern immer nach einem »Dokument« verlangten, ein Begriff, der im Russischen für alles Mögliche steht – eine Bescheinigung, einen Passierschein, einen Beleg … oder eben auch einen Ausweis. Viele DDR-Bürger kannten die russische Aufforderung »Stopp, Dokument!« – ein Äquivalent des deutschen »Ihre Papiere, bitte!« – aus eigenem Erleben.

In diesem Fall handelte es sich um abgelaufene Parteiausweise von SED-Mitgliedern, die aufgrund des Spezialpapiers, auf dem sie gedruckt waren, in dieselbe Kategorie fielen, wie die aus Leipzig erwartete Makulatur: geheim zu haltender Sonderabfall.

Die Vermutung, dass die Machthaber am Schacht 311 eine krumme Tour vorbereiteten, verstummte zunächst nicht. Das eingezäunte Gelände befeuerte Verschwörungstheorien. »Die Wismut war doch immer Staat im Staate, da guckste nicht rein«, zitierte der *Freie Presse*-Redakteur Wolfgang Pönisch in der Ausgabe vom 5. Dezember 1989 einen Einheimischen.

Die Zeitung, die sich um eine neue Offenheit bemühte, ging den Gerüchten um die offene Grube in Schneeberg nach. In einem Interview mit Pönisch offenbarte der Wismut-Betriebsdirektor zögerlich ein wenig mehr von der Wahrheit. Er sagte, 1984 habe es »ein ähnliches Unternehmen gegeben, wie es für Herbst 1989 geplant war«. Damals seien »mehrere Säcke mit Papieren der Wertpapierdruckerei Leipzig im Schacht versenkt« worden: »Ich vermute Fehldrucke oder Blüten.« Rudolph stellte sich unwissend, indem er darauf verwies, dass er zu jener Zeit noch nicht Direktor, also auch nicht in alles eingeweiht war.

Persönlich war er 1984 tatsächlich nicht an der Entsorgung von 6,6 Milliarden DDR-Mark in 15 619 Säcken beteiligt, die man schwerlich mit dem Begriff »mehrere« abtun konnte. Bekanntlich kamen die Säcke auch nicht aus der Leipziger Wertpapierdruckerei, sondern aus den Berliner Tresoren der Staatsbank, was Rudolphs Unwissenheit zu bestätigen scheint. Allerdings war sein Hauptmarkscheider Eberhard Schubert – ebenfalls Geheimnis- und Pistolenträger – schon 1984 involviert gewesen. Es ist schwer zu glauben, dass er seinen Vorgesetzten angesichts der unangenehmen Fragen, denen dieser im Herbst 1989 wiederholt ausgesetzt war, nicht in Kenntnis gesetzt hatte. Rudolph mauerte also weiterhin, hangelte sich dabei aber dicht an der Wahrheit entlang: keine Kernbrennstäbe, sondern Säcke mit Papier, die avisiert waren, aber nicht kamen.

Inzwischen hatte auch das Neue Forum eine Untersuchung angeschoben. Anfang Dezember erschien der Bezirksstaatsanwalt von Karl-Marx-Stadt bei der Wismut. Rudolph musste ihm Unterlagen der vorangegangenen sowie der geplanten Vernichtungsaktion übergeben. Es habe sich dabei um Rechnungen gehandelt, gab er Pönisch am 4. Dezember Auskunft.

Am selben Tag hatte der Staatsanwalt die Bezirksdienststelle der Stasinachfolgeorganisation AfNS (Amt für Nationale Sicherheit) aufgefordert, »die Vernichtung von 7 bis 8 Tonnen Aktenmaterial … im VEB Pappenwerk Raschau auszusetzen« und »gegenwärtig keinerlei Akten, dienstliches Schriftgut und weitere Unterlagen des Bezirksamtes zu verkollern, zu verbrennen oder anderweitig zu vernichten«. Das Pappenwerk lag in Luftlinie nur 15 Kilometer von Schacht 311 entfernt, und »Verkollern« nannte sich eine Methode, bei der Akten mithilfe von Wasser zu Papierbrei zermatscht wurden. Also im Prinzip das Gleiche, was ihnen in einem stillgelegten Bergwerksschacht drohte, der eines nicht allzu fernen Tages mit Grubenwasser geflutet sein würde.

Das alles zeigt: Im Erzgebirge waren tatsächlich Aktenvernichtungen im Gange, aber nicht nur die Bürgerkomitees stellten sich dem entgegen, sondern auch staatliche Dienststellen.

Dass damals gegen die Wismut ermittelt worden ist, bestätigt der heutige Hauptmarkscheider Olaf Wallner: »In unserem Archiv findet sich der Vermerk, dass die Kripo am 11. Dezember 1989 im Auftrag der Staatsanwaltschaft Karl-Marx-Stadt Unterlagen an uns zurückgegeben hat.« Das bedeutet aber auch: Die Untersuchung hatte lediglich eine Woche gedauert. Offenbar war alles, was aus den »Rechnungen« der Wismut herauszulesen war, unverfänglich gewesen.

Bis zu diesem Zeitpunkt jedenfalls.

Der Winter ging ins Land, der Frühling 1990 kam, und noch immer wartete der Schacht 311 hinter Stacheldraht mit durchbohrter Betonplombe und aufnahmebereiter Arbeitsbühne auf eine Lieferung. In dieser Zeit wurde der Zaun »mehrfach und erheblich von Unbekannten zerstört«, gab die Pressestelle der Wismut GmbH später bekannt. Vermutlich handelte es sich um das Werk von Abenteurern oder selbsternannten Aufklärern. In einem Bericht der *Berliner Zeitung* stand 1996 die Überlegung im Raum, es könnten Männer der Stasihauptverwaltung Aufklärung (HVA[3]) gewesen sein, die in der Phase der MfS-Auflösung den offenen Schacht genutzt hatten, um Geheimnisse der DDR-Auslandsspionage verschwinden zu lassen.

Die Mär von den Kernbrennstäben war aus der Wahrnehmung weitgehend verschwunden. Die kritische Öffentlichkeit sah jetzt überall das Wirken von Stasiseilschaften, welche die schmutzige Wäsche des Systems

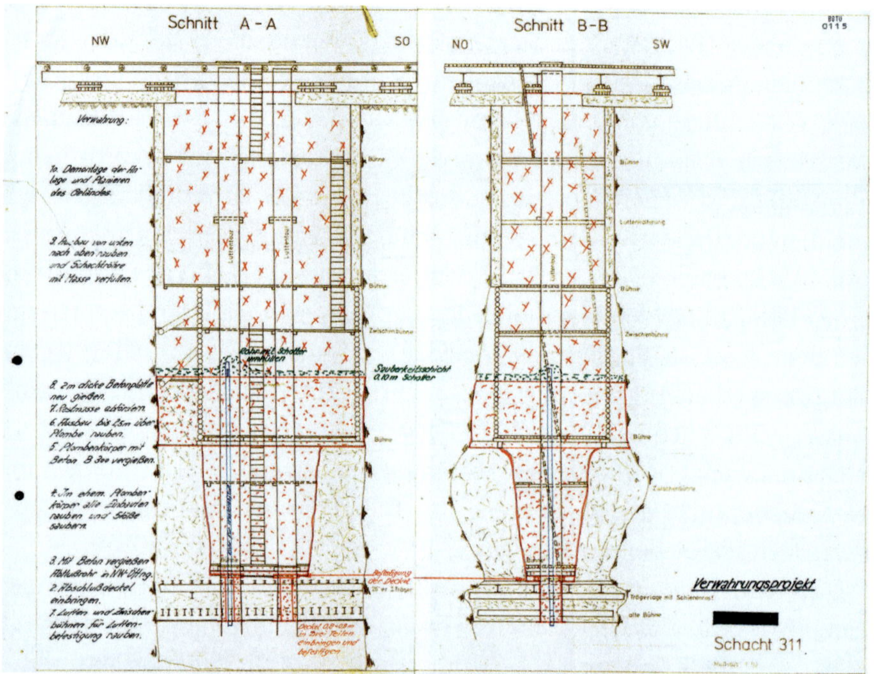

Diese Zeichnung fand sich in den Stasiakten. Sie zeigt die durchbohrte Plombe und die beiden Blechrohre. Mit Filzstift wurde eingetragen, wie die Schachtröhre nach Abschluss der Aktion aussehen sollte – komplett verfüllt.

unter der Decke halten wollten. Was wäre dafür besser geeignet gewesen als ein 500 Meter tiefer Uranschacht im Erzgebirge?

Kurz vor seinem hilflosen Auftritt in der Volkskammer am 13. November 1989 hatte der Stasiminister und »Menschenliebhaber« Erich Mielke verfügt, die Unterlagen aus den MfS-Kreisdienststellen in Sicherheit zu bringen. Es wurde befürchtet, dass Demonstranten die Stasivorposten stürmen, was punktuell dann auch geschah. Dabei konnten die MfS-Akten leicht in falsche Hände geraten, weshalb manche Dienststellenleiter überreagierten und die Beseitigung ihrer Unterlagen anordneten.

Diese Anstrengungen blieben den Bürgerrechtlern nicht verborgen, sodass der Grundsatzverdacht »Vernichtung von Stasiakten« landesweit zum Thema wurde. Auch in Aue.

Ullrich Espig, langjähriger Gemeinderat der Nationaldemokratischen Partei (NDPD) aus Schlema, war dabei, als Aktivisten die Auslagerung der

Akten aus der Stasikreisdienststelle verhindern wollten. »Ich hatte einen Tipp bekommen und fuhr nachts bei Glatteis und Nieselregen in die Gellertstraße, wo schon ein Dutzend Leute warteten«, erzählt er. »Ein Stasimajor kam raus und raunzte uns an. Einer von uns rief: ›Nicht in dem Ton!‹ Danach bot uns der Major heißen Tee an.«

Jemand hatte eine Staatsanwältin hinzugebeten, die um Mitternacht erschien und die Panzerschränke im Stasihaus versiegelte. »Die Öffnung erfolgte dann am nächsten Tag im Beisein von Vertretern des Neuen Forums«, berichtet Espig weiter. »Die Stahlschränke waren leer.« An das Datum erinnert er sich nicht mehr, aber er weiß noch, dass das Gerücht die Runde machte, unter dem Floßgraben, der quer durch Aue bis nach Schlema führt, gebe es einen Bunker, in den die Akten verbracht worden sein könnten. Aber an jener Stelle hat nie ein Versteck existiert.

Die Papiere waren allerdings tatsächlich in einem Bunker zwischengelagert, erinnert sich der damalige Vorsitzende des Neuen Forums im Bezirk Karl-Marx-Stadt, Martin Böttger. Der fragliche Schutzraum befand sich in Hartenstein, im Wald an der Wildbacher Straße. Das unterirdische Bauwerk existiert noch heute und ist ein beliebtes Ziel von Lost-Place-Begeisterten. Es steht jedoch auf einem umzäunten Gelände der Forstverwaltung des Prinzen von Schönburg-Hartenstein, sodass Erkundungstouren nicht legal sind.

Das waren sie auch 1990 nicht, als sich das Gelände im Besitz der Stasi befand. Trotzdem wurde die Zufahrt am 22. Januar von Mitgliedern eines Bürgerkomitees blockiert, um die Vernichtung von Akten zu vereiteln. Männer und Frauen fuhren in der Nacht mit Trabis und Wartburgs vor, verstellten mit ihren Autos die Zufahrt, entzündeten ein Lagerfeuer im Schnee und hielten Wache. Am nächsten Tag durften sie den Bunker im Beisein von Volkspolizisten inspizieren.

Wie sich herausstellte, waren hier nicht nur Unterlagen aus der MfS-Kreisdienststelle Aue, sondern aus dem gesamten Bezirk Karl-Marx-Stadt gelagert. Nach Angaben, die Peter Hasse, der Sonderbeauftragte für die Sicherstellung und Aufarbeitung der Aktenbestände, Mitte Oktober 1990 gegenüber Presseleuten machte, waren sie »fast komplett erhalten«.

Martin Böttger kennt die Gerüchte um Schacht 311, sagt aber, dass er ihnen kein Gewicht beimaß. Akten aus Berlin hatte damals niemand auf dem Schirm, und der Schneeberger Hotspot hatte sich seit einer Stellungnahme aus dem Ministerium der Finanzen, die Anfang Dezember 1989 über die Fernschreiber gegangen war, abgekühlt. In dieser Mitteilung erklärte Staatssekretär Walter Siegert, was Sache war: dass Produktionsabfälle aus dem VEB Wertpapierdruckerei Leipzig im Schacht »abgelagert« werden sollten und dass es sich um »wasserfestes Papier und wasserunlösliche Einbandmaterialien« handele, »für die eine Wiederaufbereitung als Sekundärrohstoff nicht möglich ist«. Eine Belastung der Umwelt trete nicht ein, das hätten Experten »gründlich geprüft«. Die Entsorgung solle »in der nächsten Zeit geschehen«. Der Öffentlichkeit werde dann die Möglichkeit gegeben, sich von dem Sachverhalt zu überzeugen.

Das brachte den Schacht 311 fürs Erste aus der Schusslinie. Tatsächlich sollte es noch Monate dauern, bis die Verkippung stattfand, und als es so weit war, blieb die Öffentlichkeit außen vor.

Während die DDR sich wandelte und die beiden deutschen Staaten auf ihre Wiedervereinigung zutrieben, tat sich am weiterhin offenen Schacht

Mitglieder des Neuen Forum und Bürger blockieren die Zufahrt zum Stasibunker im Wald bei Hartenstein, um Aktenvernichtung zu verhindern

311 lange Zeit nichts. Das hatte unter anderem damit zu tun, dass die Transportkapazitäten des Wachregiments »Feliks Dzierzynski« nicht mehr zur Verfügung standen. Das Stasiregiment war Anfang 1990 aufgelöst worden, und die Wertpapierdruckerei besaß keinen vergleichbaren Fuhrpark.

Hinzu kam, dass Druckereiabfälle nicht mehr ohne Weiteres in ein Loch gekippt werden durften. Hatten Wismut und Finanzministerium so etwas früher kraft ihrer Wassersuppe miteinander vereinbaren können, mussten jetzt die Behörden der auf einmal umweltbewussten DDR die ökologische Unbedenklichkeit bestätigen. Von diversen Ministerien bis zum Landratsamt Aue durften alle ihren Senf dazugeben – und das dauerte.

Im Herbst 1989 war geplant gewesen, neben dem Papier auch 14 Tonnen eingetrockneter Druckfarbe in Blechbehältern zu versenken. Dieser Posten wurde nun von der Liste gestrichen. Anscheinend war die von der Wismut verlangte Unbedenklichkeitsbescheinigung für Farbabfälle nicht zu bekommen.

Im Sommer 1990 nahmen Wertpapierdruckerei und Wismut ihre Gespräche wieder auf, um die 1989 begonnene Entsorgungsaktion zum Abschluss zu bringen. Diese hatte inzwischen ihren martialischen Titel »Vernichtung II« eingebüßt. Sie lief jetzt unter der simplen Bezeichnung »Maßnahme Schacht 311«.

Die Wismut erklärte sich bereit, die Transporte mit eigenen Lastkraftwagen zu realisieren – gegen Bezahlung, versteht sich. Hauptmarkscheider Eberhard Schubert ging Mitte August in einem Bericht davon aus, dass 270 Tonnen Papierabfälle zu deponieren seien. Er rechnete mit 15 000 Säcken, von denen jeder 18 Kilogramm schwer sein würde. In der Schachtröhre würde dieses Material rund 1200 Kubikmeter einnehmen. Ein Klacks, wenn man bedenkt, dass dort noch immer ungefähr 10 500 Kubikmeter frei waren.

Die Wismut rechnete mehrere Transportvarianten durch. Mit sechs Lkw würde die Aktion 10 Tage in Anspruch nehmen. Setzte man zusätzlich Anhänger ein, verkürzte sich die Dauer entsprechend. Man entschied, sechs Gespanne aus Laster und Hänger einzusetzen. Dafür wurden 5 Tage veranschlagt. Neben den Fahrern stellte die Wismut auch Männer zum Entladen der Papiersäcke am Schacht 311. Für die Beladung in Leipzig war die Wertpapierdruckerei verantwortlich.

Die Bewachung der Transporte sollte zunächst durch Volkspolizisten aus dem Betriebsschutzkommando der Wismut erfolgen. Geplant waren zwei Konvois aus jeweils drei Gespannen, die von je zwei Uniformierten begleitet werden sollten. Nach der Ankunft am Schacht 311 sollten die Polizisten das Gelände sichern. Das wurde später dahingehend abgeändert, dass die Wertpapierdruckerei »für entsprechenden Polizeischutz« zu sorgen hatte. Wie viele Bewacher am Ende dabei waren, ließ sich nicht mehr klären, doch die Absicherung dürfte weder waffenstarrend noch so militärisch-abschreckend ausgesehen haben wie 1984 während der Aktion »Vernichtung«.

Was nicht heißt, dass Geheimhaltung keine Rolle mehr spielte. So wurde in einer Absprache zwischen Wismut und Druckerei betont, dass sowohl Lkw als auch Hänger »mit Planen sicher abdeckbar« sein mussten. Die Planen waren natürlich ohnehin nötig, damit keine Säcke auf die Straße fielen, doch auch am Schacht 311, der noch immer weiträumig eingezäunt war, sollte darauf geachtet werden, »dass alles Material auch tatsächlich gekippt (restlos verschwindet) und vor unbefugter Benutzung bewahrt wird«.

Kurz vor Durchführung der Aktion wurde in einer Aktennotiz ausdrücklich festgehalten: »Alle an der unmittelbaren Deponie Beteiligten sind vor Beginn der Maßnahme an Ort und Stelle nochmals speziell zu belehren … dass keinerlei zu deponierendes Material übrigbleibt und auch kein Material aus den verschlossenen Säcken entnommen werden darf.«

Weshalb so streng, wenn es bloß um Fehldrucke von Geldscheinen und Pässen ging? Von der Lockerheit der Wendezeit, die ein Zerkrümeln von Grenzanlagen durch Mauerspechte und das Durchwühlen von Stasibunkern durch Männer und Frauen von der Straße tolerierte, war hier nichts zu spüren.

Vermutlich ab Montag, dem 10. September 1990, tat sich wieder etwas am Schacht 311. Das Datum ist nicht ganz gewiss, denn es gibt zwei unterschiedliche Angaben dazu. (Mehr im Kapitel VII »Epilog am Schacht 311. Der letzte große Coup der Hauptverwaltung Aufklärung?«).

Als gesichert kann gelten, dass auf dem Gelände 5 Tage lang geschäftige Betriebsamkeit herrschte. Lastkraftwagen rumpelten schwer beladen an die Arbeitsbühne, deren Holz durch Wind und Wetter inzwischen nachgedunkelt war. Die Transportbänder liefen, Papiersäcke verschwanden in den beiden Blechrohren und stürzten in die dunkle Tiefe.

Andy Tauber, der heutige Wismut-Sanierungschef am Standort Aue, hat in seinen Unterlagen nachgesehen: »Die sechs Gespanne unternahmen insgesamt 30 Fahrten. Veranschlagt wurden 7500 Kilometer, in Rechnung gestellt hat die Wismut der Wertpapierdruckerei für alle Leistungen 179405,57 D-Mark, inklusive Mehrwertsteuer.« Seit der Währungsunion am 1. Juli 1990 galt im Osten die Westmark.

Morgens um 7:00 Uhr begann die Beladung der ersten drei Lkw auf dem Hof der Wertpapierdruckerei. Die Fahrer der Wismut hatten da bereits 3 Stunden Fahrt von Aue in den Gliedern. Die Strecke, die ein kurzes Stück über eine holperige Plattenautobahn und größtenteils über rissige Landstraßen führte, war damals bei weitem nicht so bequem zu fahren, wie das mittlerweile auf der bis zum Leipziger Süden reichenden Bundesautobahn 72 der Fall ist. Allerdings herrschte weniger Verkehr als heute.

Nach weiteren 3 Stunden, in denen Beschäftigte der Druckerei die Säcke auf die Ladeflächen wuchteten, ging es zurück ins Erzgebirge. Etwa zur gleichen Zeit kam der zweite Lkw-Konvoi leer aus Aue an und das Aufladen ging weiter.

Auf der A 72 nahmen die Laster die Abfahrt Wildenfels. Die weitere Route führte sie durch Hartenstein, an der Burg Stein und am Schloss Wolfsbrunn vorbei nach Wildbach und von dort nach Schneeberg. Am Schacht 311 wurde an allen 5 Tagen etwa von 13:00 bis 19:00 Uhr ununterbrochen entladen.

Nachdem der letzte Sack im Schacht verschwunden war, ließ die Wismut 280 Tonnen Sand auf das Schüttgut prasseln, ehe die Arbeitsplattform abgebaut und das Gelände eingeebnet wurde. Dafür standen ein Mobilbagger T-172/2 und eine Planierraupe bereit.

Einen Monat später, am 11. Oktober 1990 – die DDR war eine Woche zuvor als »Neue Bundesländer« in der BRD aufgegangen –, schickte Wismut-Betriebsdirektor Rudolph eine Pressemitteilung über die »Vorgänge am Schacht 311 im Silberbachtal« an die Wirtschaftsredaktion der *Freien Presse* in Karl-Marx-Stadt. Geschrieben hatte den Haupttext Chefmarkscheider Eberhard Schubert, der für die Koordination der »Maßnahme Schacht 311« zuständig war. Auf einer DIN-A4-Seite berichtete Schubert über die Verkippung, die Umweltgutachten und die inzwischen erfolgte »dauerhafte und endgültige« Verwahrung des Schachts. Im Frühling 1991 sollte das Gelände aufgeforstet werden.

Eine Bemerkung in seinem Bericht fällt auf. Das Verstürzen der papiernen Produktionsabfälle sei »tagsüber und ohne Ausschluss der Öffentlichkeit« erfolgt. Dass die Öffentlichkeit nicht ausgeschlossen wurde, bedeutet aber nicht, dass Vertreter der Öffentlichkeit anwesend waren.

Das waren sie nämlich nicht.

Redakteure der Auer Lokalredaktion versicherten dem Autor, sie hätten über die Aktion nicht Bescheid gewusst. Auch die Bezirksredaktion, die im Dezember 1989 noch verkündet hatte, »die *Freie Presse* wird dabei sein«, war nicht informiert.

Die Pressemitteilung von Betriebsdirektor Rudolph war an die Redakteurin Martina Brandenburg adressiert. Sie erinnert sich: »Ich hatte kurz zuvor einen neuen Container der Wismut in einem Artikel vorgestellt, deshalb hatten sie mich wohl als Ansprechpartner im Verteiler. Von einer Einladung zu irgendeiner Verkippung weiß ich nichts.«

Zur Ehrenrettung der Wismut sei gesagt, dass Hauptmarkscheider Schubert in zwei Vorberatungen darauf hingewiesen hatte, dass die Wertpapierdruckerei den Landrat des Kreises Aue über die Maßnahme zu informieren habe, damit dieser »die Belange der Öffentlichkeit klären« könne. Am 4. September hatten Druckereivertreter dann offenbar versichert, die »zuständigen Stellen des Kreises Aue« seien im Bilde, »sodass mit der Anwesenheit zuständiger Vertreter des Territoriums und der Medien zu rechnen ist«.

Bloß kam niemand von den Medien und auch kein Bürgervertreter, sodass die Gerüchte, im Schacht 311 seien mehr als bloß Fehldrucke verkippt worden, nie verstummten.

Uwe Kaettniß aus Lauter, der sich in der Wendezeit im Neuen Forum Aue engagierte, erinnert sich an die Spekulationen. Heute glaubt er jedoch die offizielle Version: »Auf irgendeine Art sind Leute später an das eingelagerte Geld herangekommen. Deshalb tauchten alte DDR-Geldscheine auf dem Schwarzmarkt auf, Stasiakten nicht. Also waren da wohl auch keine.«

Aber wie sollte es jemandem gelingen, in einen mit Geröll und einer meterdicken Betonschicht versiegelten Wismut-Schacht einzudringen, sich danach einen halben Kilometer abzuseilen und sich zum Schluss durch eine mächtige Packung Haufwerk zu wühlen, um ausgemusterte Scheine ans Tageslicht zu holen?

Bei verplombten Stollen ist Bergbauverrückten so etwas durchaus schon gelungen. Der Autor kennt Berichte über sogenannte Schwarzbefahrer, die sich an der Plombe vorbeigegraben und dann ein Wochenende lang das unterirdische Wismut-Reich erkundet haben. Aber das waren *Stollen,* keine *Schächte.* Gänge, die in den Berg führten, keine bodenlosen Abgründe.

Was Uwe Kaettniß meint, ist eine andere Geschichte.

Rechnung!

411/Normannenstr. — DE-Nr./Kst.

5.1.89 — Datum

Lieferschein Nr. 8/1

BSTU 0058

Empfänger: Hauptabteilung

Datum d. Anlief.: 5.1.89 Ort: Rampe Uhrzeit: 7^{00}

Art der Ware	ME	Angef. Menge	Ausgel. Menge	Einz.-Preis M	Gesamt-Preis M	
Verpflegungsbeutel	Stk		58	19,86	1151,88	
Mocca-Fix	Stk		3	8,75	26,25	
Inhalt:						
Kokosflocken	Btl	1	1,20			
Erdnüsse	Btl	1	1,00			
Schokolade	Stk	1	3,85			
Club	Stk	1	4,00			
Grapefruitsaft	Fl	1	2,45			
Waffeln	Pack	1	0,90			
Waffeln	Pack	1	0,75			
Kekse	Pack	1	1,00			
Kekse	Pack	1	1,10			
Äpfel	Stk	1	0,36			
Schrippen	Stk	4	0,20			
Schnitzel	Stk	1	1,35			
					1178,13	
Gesamt/Übertrag					~~1151,88~~	

aufgestellt — geprüft — übernommen

VD-3.4.-17-VD II-0.2.-1.2.

Solche Verpflegungsbeutel wurden für die Soldaten des Wachregiments bestellt, die einen Geldtransport im Januar 1989 nach Berlin beschützten. Die Verpflegungsbeutel für die Aktion »Vernichtung II« dürften dieselben gewesen sein, bloß wurden sie nie ausgegeben, da die Operation im Herbst 1989 abgesagt wurde.

Der 500- und der 200-Mark-Schein der DDR. Beide waren massenweise gedruckt, aber nie in den Verkehr gebracht worden. Trotzdem tauchten sie Anfang der 1990er auf dem Schwarzmarkt auf.

Fette Beute

Das Geheimnis der großen Scheine

Im Frühling 2001 herrschte Alarmstimmung unter den Münzhändlern in Deutschland. Es ging um Geldscheine der verflossenen DDR, die in den zurückliegenden Monaten rapide an Wert verloren hatten. Zwar besaß das DDR-Geld seit Sommer 1990 keine Gültigkeit mehr, aber das hieß nicht, dass es völlig wertlos geworden war. Die in der Bevölkerung einst bespöttelten Scheine und Münzen besaßen einen beträchtlichen Sammlerreiz. Im Falle zweier Scheine war dieser sogar immens.

Druckfrische 200- und 500-Mark-Noten wurden in den 1990er-Jahren unter Numismatikern locker für 850 D-Mark gehandelt. Das war mehr als die DDR-Währung beim regulären Geldwechsel zwischen Ost und West je erzielt hatte. Der sogenannte »Schwindelkurs« von 1 Mark West für 3 oder 5 Mark Ost, der das wirtschaftliche Gefälle zwischen beiden Staaten widerspiegelte, hatte sich in diesem Fall komplett umgekehrt.

Moment mal, 200er und 500er aus der DDR? Die gab es im real existierenden Konsumgüter-Mangelland doch gar nicht, oder? Nun, das ist nicht ganz richtig.

Als aus der »Mark der Deutschen Notenbank« 1968 die »Mark der Deutschen Demokratischen Republik« wurde, mussten auch neue Geldscheine her. Diese wurden in den 1970er-Jahren gestaltet und allmählich in Umlauf gebracht. Für DDR-Bürger war es ein Aha-Erlebnis, wenn sie unvermittelt einen 20er in den Händen hielten, auf dem ihnen der Dichter Johann Wolfgang von Goethe nicht mehr vor einem rotbraunen Hintergrund entgegenblickte, sondern vor einem grünen. Nach und nach tauchten immer mehr neu gestaltete Geldscheine auf, doch mit dem dunkelblauen 100er war das obere Ende der Fahnenstange erreicht.

Dabei hatte die DDR-Staatsbank auch Scheine mit den Nennwerten 200 und 500 Mark drucken lassen. Millionenfach lagerten sie in den Tresoren, ohne jemals in Umlauf gebracht zu werden. Als sie im Sommer 1990 zusammen mit all den 5ern, 10ern und 50ern ausgemustert wurden, bekamen sie auf einen Schlag einen enormen Sammlerwert, denn niemand hatte solch einen Schein je zu Gesicht bekommen, geschweige denn einen zu Hause herumliegen. Auf offiziellem Weg war zu DDR-Zeiten an diese Banknoten kein Herankommen gewesen.

Das aus dem Verkehr gezogene Ostgeld sollte – ähnlich wie die abgegriffenen Scheine der 1964er-Serien, die 6 Jahre zuvor im Schacht 311 versenkt wurden – vernichtet werden. Allerdings organisierten die Staatsbank Berlin und ihre Rechtsnachfolgerin, die Kreditanstalt für Wiederaufbau (KfW), ab 1994 zwölf große Auktionen, auf denen Numismatiker und Papiergeldsammler die Möglichkeit erhielten, ihre Kollektionen mit ausrangiertem DDR-Geld aufzustocken. Verblichen, aber druckfrisch sozusagen.

Nach Angaben der KfW kamen 650 000 Banknoten, 600 000 Kleinmünzen und 1,55 Millionen Gedenkmünzen unter den Hammer. Der Erlös dieser Auktionen lag bei 46 Millionen D-Mark, doppelt so viel, als man sich erhofft hatte – 19,1 Millionen davon strich die KfW ein. Nach Abzug der Provisionen des Auktionshauses sowie diverser Nebenkosten flossen 12,3 Millionen Mark in die Bundeskasse. Auch die Münzhändler machten durch den Weiterverkauf der ersteigerten Noten ihren Schnitt.

Dabei ist zu berücksichtigen, dass wir hier noch gar nicht von den heißbegehrten 200ern und 500ern sprechen. Diese wurden bei den Auktionen nicht veräußert, da sie nie als Zahlungsmittel im Umlauf gewesen. Ihr hoher Marktwert lässt erahnen, dass Händler mit ihnen die besten Geschäfte machten, obwohl jedem klar sein musste, dass diese Scheine nur aus dunklen Kanälen stammen konnten.

Solange sie sich gewinnbringend veräußern ließen, war das anscheinend in Ordnung. Nun aber, um die Jahrtausendwende, sanken die Erlöse, und manch ein Geschäftemacher fuhr mit seinen großen Scheinen Verluste ein, weil immer mehr der Phantombanknoten angeboten wurden. Auch kleinere Scheine fluteten zunehmend den Markt. Als dann auch noch modrige Banknoten angeboten wurden, war klar, dass hier etwas schiefgelaufen war.

Das ausgemusterte DDR-Geld war 1990 nämlich nicht zerhäckselt oder verbrannt worden. Die DDR-Staatsbank hatte es in zwei alten Stollen bei Halberstadt (Sachsen-Anhalt) eingelagert, wo es verrotten sollte. Statt von Mikroben zerfressen zu werden, kehrten auf einmal jedoch viele dieser Scheine zurück. Woher sonst, wenn nicht aus den Geldstollen am Nordrand des Harzes sollten die fauligen Noten stammen?

Die Münzhändler waren zu Recht sauer. Immerhin hatte ihnen die KfW auf den Auktionen versichert, dass nur eine limitierte Anzahl DDR-Schei-

Der 200-Mark-Schein, Vorderansicht (oben) und Rückansicht (unten)

ne unters Sammlervolk gebracht und der Rest für alle Zeit verschwinden würde. Die Bank musste handeln.

Im April 2001 schickte die KfW einige Mitarbeiter nach Halberstadt, um die Stollen zu kontrollieren. Sie konnten jedoch nichts ausrichten, weil sich die schweren Stahltore ohne Strom nicht öffnen ließen. Den hatten die Stadtwerke Jahre zuvor abgestellt. Umso größer war das Rätsel, vor dem die Banker standen. Wenn die Stollen fest verschlossen waren, woher stammten dann die Banknoten, die den Sammlermarkt überschwemmten?

In seinem Buch *Der Schatz von Halberstadt,* das sich mit dem Ende des DDR-Papiergeldes befasst, schreibt KfW-Redakteur Marc Zirlewagen, dass man die begehrten 200- und 500-Mark-Scheine damals in Halberstädter Antiquariaten kaufen konnte – und sie sogar in einer Bäckerei zusammen mit den Frühstücksbrötchen bekam. Und noch immer wurde DDR-Geld auf den Markt gespült. Wo also lag die Quelle?

Ein Vierteljahr später unternahm die KfW eine zweite Ortsbesichtigung, und diesmal wurden ihre Emissäre fündig. Unbefugte hatten zwei Luftschächte geöffnet, andere sich durch illegale Grabungen Zutritt zu der Anlage verschafft. Die Geldstollen selbst waren zwar mit 2 Meter dicken Betonwänden gesichert worden, doch die Raubgräber hatten eine der Mauern durchbrochen, um an die Scheine zu gelangen. Offenbar wussten sie, wo sie suchen mussten, denn sie hatten sich genau den Stollen ausgesucht, in dem die begehrten 200er und 500er lagerten.

Der KfW-Abteilungsleiter für Sicherheit, Gerd Kugler, entschied kurzerhand, dass die Mitarbeiter der Begehung vor Ort bleiben und sich auf die Lauer legen sollten. Er hatte den richtigen Riecher. Bereits am nächsten Tag überraschten sie zwei junge Männer, die in die Stollen einstiegen und Rucksäcke voller Geldscheine hinaustragen wollten. Die beiden wurden später wegen gemeinschaftlichen Diebstahls in besonders schwerem Fall zu Haftstrafen verurteilt, die zur Bewährung ausgesetzt wurden.

Bei der Polizei und vor Gericht gaben die Täter an, dass sie aus Langeweile auf Entdeckertour gegangen waren – offenbar nur dieses eine Mal. Vor ihnen muss es viele andere gegeben haben, die sich an dem eingelagerten Ex-Staatsschatz bedient haben. Weitere Altgelddiebe wurden nie gefasst, aber noch Jahre später stieß die Polizei bei Hausdurchsuchungen in anderen Ermittlungsverfahren immer wieder mal auf gehortete DDR-Scheine.

Um an das Geld zu gelangen, hatten die Raubgräber ohne Zweifel Schwerarbeit leisten müssen. Sie mussten sich durch Beton hacken, Eisengitter und Stahlluken überwinden. Auch körperliche Fitness war gefragt. Durch die Luftschächte etwa gelangte man nur in die Anlage, wenn man eine 50 Meter lange Leiter hinunterkletterte – und wieder nach oben musste man auch.

Trotzdem sind diese Anstrengungen nicht annähernd so herausfordernd wie das, was Abenteurer beim Eindringen in den Schacht 311 bei Schneeberg hätten wagen müssen. Die Anlage in Halberstadt ist vollkommen anders aufgebaut und mit einem Wismut-Bergwerk kaum in Relation zu setzen.

Die Stollen in den Thekenbergen, etwa 3,5 Kilometer südlich der Würstchenstadt Halberstadt gelegen, sind eben nicht Teil eines Bergwerks, das Hunderte Meter unter Tage im Granitgestein liegt. Die Anlage ist eher mit den Geheimstollen im Thüringer Jonastal, dem »Sonderbauvorhaben III« (S-III) vergleichbar, die am Ende des Zweiten Weltkrieges ebenerdig in einen Felshang getrieben wurden. Im Jonastal erfolgten die Arbeiten im Muschelkalkstein, in den Thekenbergen im Sandstein, und in beiden Fällen ging es nicht um Erzabbau, sondern darum, die deutsche Rüstungsproduktion unter die Erde zu verlagern, wo sie sicher vor den Bombenangriffen der Alliierten war.

Das »Unternehmen Malachit« in den Thekenbergen diente der Fertigung von Flugzeugteilen. Entstanden ist damals ein Bunkerkomplex aus Haupt- und Querstollen und steinernen Produktionshöhlen, der sich auf einer Fläche von 60 000 Quadratmetern erstreckte. Die Tunnel waren 6 bis 8 Meter hoch und erreichten eine Gesamtlänge von 17 Kilometern. Die Anlage besaß sogar einen eigenen Untertagebahnhof.

Trotzdem: Hier ging es zwar tief in einen Berg hinein, aber niemals weit hinunter. Auch verlaufen konnten sich uneingeladene Besucher nicht wirklich, zumal sich die Geldstollen am äußeren Rand der Anlage befanden.

Nach dem Krieg requirierten die Sowjets die bereits installierten Maschinen, 1949 wurde ungefähr die Hälfte der Tunnel gesprengt. Später lagerte die Nationale Volksarmee (NVA) hier Munition, Bekleidung und Ausrüstung ein. Laut *Thüringischer Landeszeitung* handelte es sich um das »größte unterirdische Lager der DDR«. Sein Wert wurde 1989 auf 190 Millionen DDR-Mark geschätzt. Und bald sollte es um Milliarden gehen.

Nach der Einführung der D-Mark im Sommer 1990 musste die Staatsbank auf einen Schlag 4500 Tonnen Hartgeld und mehr als 100 Milliarden Ostmark in Scheinen loswerden. Die Münzen wurden zur Metallgewinnung eingeschmolzen, die schiere Menge der Scheine stellte jedoch ein Riesenproblem dar. Anders als bei der Aktion »Vernichtung« von 1984 mussten ja nicht einzelne Serien alter Banknoten entsorgt werden, sondern das gesamte Papiergeld eines Landes. Selbst westdeutsche Verbrennungsanlagen waren mit so viel Material überfordert, teilte die Bundesregierung später auf eine Anfrage des SPD-Bundestagsabgeordneten Fritz Gautier mit.

Obwohl der Schacht 311 in Schneeberg damals noch offenstand und auf die Wertpapiermakulatur aus Leipzig wartete, entschied die DDR-Staatsbank, zwei der Stollen in den Thekenbergen als Endlager für ihr Altgeld zu nutzen. Die Transporte begannen bereits Ende April 1990, denn in den Tresoren sollte Platz für die D-Mark geschaffen werden.

Da es das Wachregiment »Feliks Dzierzynski« nicht mehr gab, übernahmen NVA-Soldaten des 9. Transportbataillons die Auslagerung. Der erste Konvoi wurde von großem Medienrummel begleitet. Acht Tatra-Lastzüge starteten vom Innenhof des einstigen ZK-Gebäudes in Berlin, das jetzt »Haus der Parlamentarier« hieß, in Richtung Halberstadt. Der Geleitschutz bestand aus ganzen zwei Fahrzeugen der Volkspolizei, wenngleich man die Besatzungen mit Maschinenpistolen aufgerüstet hatte.

In den darauffolgenden Wochen wiederholten sich solche Transporte überall in der DDR. Lastzugweise wurde das Geld aus den großen Staatsbankfilialen abgeholt und am Nordrand des Harzes zwischengelagert. Die Polizeieskorten muteten dabei eher wie Verkehrsräumkommandos an, nicht, als ginge es darum, Millionenwerte zu bewachen.

Vor Ort in den Thekenbergen wurde die Einlagerung dann allerdings nicht nur von Mitarbeitern der Staatsbank, sondern auch durch Männer der Stasinachfolgebehörde AfNS (Amt für Nationale Sicherheit) überwacht. Schließlich handelte es sich bei der Ladung noch immer um gültige Banknoten. Dennoch war es ein erheblicher Kontrast zu den bis an die Zähne bewaffneten Transporteuren wertloser Geldlieferungen nach Schneeberg aus den Tagen, als die DDR noch die alte war.

Nach dem Ende der Ostmark zum 1. Juli 1990 wurde die Sicherheit weiter heruntergeschraubt. Die letzten 28 Milliarden sind nicht mehr von Soldaten, sondern von Männern der Bergsicherung Elberingerode abgeladen und in die Stollen verfrachtet worden. Dafür standen über Monate hinweg 20 Förderbänder zur Verfügung, die »in Reihe geschaltet« die Geldsäcke tief in die Stollen beförderten. Nach Angaben der KfW wurden insgesamt 620 Millionen DDR-Banknoten in den Thekenbergen eingelagert.

Dort sollte das Geld verrotten. So lautete zumindest der Plan. Um das zu gewährleisten, wurde das Milliardengrab mit Betonformsteinen und zusätzlichen Stahlbetonwänden versiegelt. Die Bergsicherung bohrte die Stollen anschließend von oben an und ließ durch 60 Löcher Kiessand in die

Der 500-Mark-Schein, Vorderansicht (oben) und Rückansicht (unten)

Hohlräume donnern. Eingespültes Wasser verteilte den Kies, die Öffnungen wurden danach mit Beton verschlossen.

Es hatte 2,5 Millionen D-Mark gekostet, um 108,9 Milliarden DDR-Mark (und Reiseschecks, Sparbücher sowie Minol-Kraftstofftalons) zu entsorgen. Nun sollten Feuchtigkeit und Mikroben ihr Vernichtungswerk beginnen.

Aber die Schatzsucher waren bekanntlich schneller.

Nachdem man die beiden Diebe auf frischer Tat ertappt hatte, musste die KfW als Erbin des DDR-Geldes handeln. Es galt, den Sammlermarkt zu schützen, aber auch die Vernichtung des Altgeldes sicherzustellen. Das Endlager in den Halberstädter Stollen gewährleistete beides nicht.

Zum einen stand zu befürchten, dass Schatzgräber immer wieder einen Weg hineinfinden würden. Es schien unmöglich, das weitläufige Gelände effektiv zu bewachen. Allein der Zaun um die Anlage war 8 Kilometer lang und konnte nicht lückenlos kontrolliert werden, jedenfalls nicht mit einem vertretbaren finanziellen Aufwand.

Fürs Erste ließ die Bank die Geldstollen durch einen Wachdienst bestreifen, doch nach einem Ortstermin kam das Landeskriminalamt Sachsen-Anhalt zu dem Schluss, dass eine zuverlässige Sicherung der Stollen unmöglich war, berichtet Marc Zirlewagen in seinem Buch *Der Schatz von Halberstadt.*

Zum anderen funktionierte auch die Verrottung der Scheine nicht. Nach 10 Jahren im Stollen war ein Großteil des Bestandes noch immer gut erhalten. Die Kälte unter Tage und der weitgehende Luftabschluss hatten vielmehr eine Konservierung bewirkt. (Die erwähnten Luftschächte sorgten zwar für eine Zirkulation in der Anlage, aber nicht in den zugemauerten Geldstollen.)

Kurzzeitig stand das Schreddern der Banknoten im Raum, sodass die Stollen keinen Reiz auf Papiergelddiebe mehr ausüben würden. Ein Testlauf ergab, dass der Lärm, den die Häcksler in den Tunneln machten, selbst mit Gehörschutz nicht zu ertragen war. Deshalb entschloss sich die KfW zu einem rigorosen Schritt: Das Geld sollte nun doch verbrannt werden. Seit 1998 existierte in Niedersachsen eine thermische Abfallbehandlungsanlage, die in der Lage war, auch mit großen Mengen fertigzuwerden: die Müllverbrennungsanlage Buschhaus bei Helmstedt.

Die Stollen wurden geöffnet, der Strom wieder angeschaltet, eine Bewetterung (Anm. d. Verlages: technische Maßnahme zur Versorgung von Bergwerken mit frischer Luft) hergestellt und mehrere Radlader sowie ein großes Trommelsieb in die Anlage gebracht. Von Anfang März bis Ende Juni 2002 trennten Arbeiter die Geldscheine vom Kies und verpackten sie in Container, die verplombt wurden. Täglich machte sich ein Konvoi aus sechs Containerfahrzeugen auf den Weg in die Müllverbrennungsanlage.

Dort gab es eine letzte Hürde zu nehmen. Wegen des hohen Heizwertes des Spezialpapiers, der größer als der von Braunkohle war, musste das Altgeld vor dem Verbrennen mit Hausmüll vermischt werden. So wurde Schäden an den Öfen vorgebeugt.

Am 25. Juni 2002 galt das DDR-Geld als endgültig vernichtet. Es verbrannte bei 1200 Grad Celsius und verbreitete heiße Luft, die Gasturbinen zum Rotieren brachte. So wurde die Ostmark gewissermaßen in elektrischen Strom konvertiert. Die anfallende Schlacke landete im Straßenbau.

Der Schaden auf dem Sammlermarkt aber war angerichtet. Heute kann jeder DDR-Banknoten für kleines Geld bei Ebay ergattern. Ein kompletter Satz – samt 200- und 500-Mark-Schein – ist für weniger als 100 Euro zu haben, ein gemischtes Doppel aus den beiden legendären Scheinen für 30 Euro. Zur Erinnerung: Für dieses Duo wurden in den 1990er-Jahren zeitweise bis zu 2000 D-Mark gezahlt.

Die aus den Thekenbergen entführten Scheine waren zahlreich genug, dass sich jeder Ostalgiker für kleines Geld einen 200-Mark-Schein und einen 500er in die Vitrine legen konnte. Damals in der DDR bekam der Normalbürger nicht mal einen einzigen zu sehen.

Warum eigentlich nicht?

Auf die Frage, weshalb die DDR die großen Scheine zwar gedruckt, dann aber nie in Umlauf gebracht hat, gibt es keine eindeutige Antwort, nur mehr oder minder nachvollziehbare Theorien. Eine besagt, dass die Scheine von vornherein dazu gedacht waren, gehortet zu werden. Möglicherweise als Teil der strategischen Bargeldreserve der DDR.

1980 hatte der Nationale Verteidigungsrat beschlossen, 23 Milliarden Mark in Scheinen zu bunkern. Das Geld sollte im Kriegsfall zur Versorgung der Wirtschaft, der Bevölkerung und der bewaffneten Organe dienen. Der entsprechende Bericht war überschrieben mit »Vorbereitung der Geld- und Kreditwirtschaft auf den Verteidigungszustand«. Scheine mit hohen Werten waren für solch einen »Reserveschatz« natürlich gut geeignet, weil 23 Milliarden in 500ern eben nur ein Fünftel des Platzes von 100ern im Staatsbanktresor beanspruchen, um ein Rechenbeispiel zu nennen.

Dass der Raum im Tresortrakt unter dem Haus des ZK in Berlin eine knappe Ressource war, belegen die hartnäckigen Bemühungen von Staatsbankdirektor Horst Kaminsky um die Erlaubnis zur Vernichtung der damaligen Altgeldbestände. Grünes Licht bekam er erst 1984 – ein Jahr, bevor die großen Scheine gedruckt und eingelagert wurden (siehe Kapitel III »Generalstabsmäßig durchgeplant: Die Aktion ›Vernichtung‹ im November 1984«).

Eine andere These geht davon aus, dass die 200er und 500er ursprünglich sehr wohl für den Zahlungsverkehr gedacht waren. Doch als der Zeitpunkt ihrer Ausgabe kam, hätte die DDR-Führung kalte Füße bekommen, weil die ungewohnt hohen Werte in der Bevölkerung womöglich Angst vor einer Inflation hätten aufkommen lassen.

Am überzeugendsten klingt die Theorie des Thüringer Historikers Rainer Gries. Auch er geht von Bedenken seitens Honecker & Co. aus, doch aus einem anderen Grund: die politische Lage kurz vor der Wende. Laut Gries sollten die Banknoten eigentlich im Rahmen einer großen Inszenierung unter die Leute gebracht werden. »Sie sollten dem Volk noch einmal einen väterlich-fürsorglichen und starken Arbeiter- und Bauernstaat vorführen«, schreibt er in seiner Broschüre *Die Mark der DDR*.

Dafür sprechen auch die Motive auf den Scheinen. So zeigte der 200er auf der Vorderseite eine glückliche Familie vor einem Neubaublock. Auf ihr Wohnungsbauprogramm war die DDR-Führungsriege bekanntlich besonders stolz. Auf der Rückseite waren spielende Kinder vor ihrer Kindertagesstätte zu sehen. Der 500er bildete vorn das Wappen der DDR und hinten das Staatsratsgebäude ab. Mit anderen Worten: große soziale Errungenschaften dank des sozialistischen Staates.

Die Überlegungen zur Symbolik lassen sich noch weiterspinnen. Die wertvollste Banknote der BRD war der 1000-Mark-Schein. Mit dem 500er hätte die DDR weiter zum Traumland des Konsums aufgeschlossen, das die Bundesrepublik in den Augen vieler DDR-Bürger war.

Von beiden Banknoten wurden je 50 Millionen Stück gedruckt. Das ergibt summa summarum 35 Milliarden Mark. 12 Milliarden mehr als die angestrebte Reserve für den Kriegsfall. Auch das spricht dafür, dass die 200er und 500er nicht bloß gehortet, sondern in Umlauf gebracht werden sollten.

Laut Rainer Gries sollten die großen Scheine anlässlich des 40. Geburtstages der DDR ausgegeben werden. Doch dann flohen die Bürger zu Tausenden in den Westen, Demonstrationen erschütterten das Land, statt Feierlaune kam Katerstimmung auf. Der Herbst 1989 war einfach der falsche Zeitpunkt, um mittels protziger Banknoten auf der Klaviatur sozialistischer Erfolgspropaganda zu spielen. Wie schnell hätte sich die Agitation in ihr Gegenteil verkehren können. Die Altersrente in der DDR lag 1989 bei durchschnittlich 450 Euro. Das hätte man so drehen können, dass ein Rentner für den 500er nicht gut genug war. Also blieben die Scheine in den Tresoren, und als sie ein halbes Jahr später doch hervorgeholt wurden, hatten sie den Status von Altpapier erlangt. Denn nun war alles vorbei.

Die Tunnel in den Thekenbergen, die zum Grab des DDR-Geldes wurden, hatten Anfang der 1980er-Jahre auf einer Liste mit Objekten gestanden, die für die Stasi als Versteck des berühmten Bernsteinzimmers infrage kamen. Ein ehemaliger sowjetischer Kriegsgefangener, der 1944 als Zwangsarbeiter am Bau des Malachit-Komplexes beteiligt war, hatte den Tipp gegeben. Gefunden wurde das Achte Weltwunder weder hier noch anderswo.

Während der Einlagerung des DDR-Geldes im April 1990 kam es zu einem Tumult. NVA-Soldaten, welche die Geldsäcke von ihren Tatra-Lastzügen auf die Förderbänder warfen, waren Packbeutel aufgefallen, die aus dem Rahmen fielen. Sie waren mit den Buchstaben »M« und »Z« beschriftet. Die Soldaten argwöhnten, dass hier klammheimlich Stasiakten unters Altgeld gemengt werden sollten, und verlangten, die Säcke zu öffnen. Zum Vorschein kamen grüne und rotbraune Banknoten, die kein Normalbürger je zuvor gesehen hatte: die 200er und 500er. Wahrscheinlich sind bei dieser Gelegenheit die ersten Scheine abgezweigt worden, die später für Aufregung unter Sammlern, Händlern und KfW-Bankern sorgten.

Solche Geschichten um den illegal gehobenen DDR-Schatz dürften es sein, die Uwe Kaettniß im Kopf hat, wenn er sich an ominöse Geldscheine auf dem Schwarzmarkt erinnert. Stasiakten waren in den Thekenbergen zu keiner Zeit im Spiel. Dass sie nicht unter der Hand angeboten wurden, bedeutet demzufolge nicht, dass es anderswo nicht doch welche gegeben hat.

Halberstadt scheidet als möglicher Verbringungsort aus, doch Schneeberg ist noch im Rennen …

Das Gelände des Schachts 311 ist heute dicht bewaldet. Betreten erlaubt. Doch ein Eisentor aus der Wismut-Zeit mit Schloss und Kette ruft Erinnerungen an die Geheimnisse wach, die unter dem Areal verborgen liegen.

Epilog am Schacht 311

Der letzte ████ große ████ Coup der Hauptverwaltung ████ Aufklärung?

Über dem Schacht 311 wächst heute ein Wald, wo im Halbdämmer Pilze in Hexenkreisen sprießen. Wer nicht weiß, dass es hier einst 500 Meter in die Tiefe ging, kommt nicht auf die Idee, dass sich vor 3 ½ Jahrzehnten irgendwo an dieser Stelle einer der Zugänge zum unterirdischen Wismut-Reich befand.

Nur wer das Gelände von früher kennt, hat eine Chance, den Standort der Schachtröhre ausfindig zu machen. Unter einer dicken Erdschicht ist sie noch immer vorhanden. »Falls noch Ausschussgeld übrig ist, könnten wir sie wieder öffnen«, sagt Hauptmarkscheider Olaf Wallner. Ein Scherz natürlich, und so schiebt der Auer Sanierungschef Andy Tauber nach: »Schwer vorstellbar, dass wir das nochmal genehmigt bekämen.«

Allein die Kosten, um zur Betonplombe vorzustoßen, wären enorm. Etwa 8 Meter Geröll müssten aus der Röhre geräumt werden. Dann stünden die Arbeiter auf der 7,50 Meter dicken Plombe. Und darunter? Ein freier Fall ins Wasser!

Nach dem Ende des Uranbergbaus im Erzgebirge im Jahr 1991 wurden die Pumpen der Wasserhaltung abgeschaltet. Seitdem ist das Grubenwasser kontinuierlich gestiegen und hat nach und nach Stollen und Schächte geflutet. Heute liegt der Wasserspiegel im Grubenfeld Aue-Alberoda etwa 300 Meter über Normalnull, in Trockenperioden sind es einige Meter weniger. »Für den Schacht 311 bedeutet das: Wenn Sie heute noch einfahren könnten, bekämen sie nach 170 Metern nasse Füße«, sagt Andy Tauber. »Über dem Geld steht eine Wassersäule von 330 Metern. Wie will man da noch rankommen?«

Das Geheimnis von Schacht 311 ruht also sicher unter Humus, Steinen, Beton und Wasser. Aber gibt es überhaupt ein Geheimnis, das über wertlose Geldscheine und Fehldrucke hinausgeht? Möglicherweise. Einige Indizien sprechen dafür.

Schließlich war da ein zusätzlicher Lastkraftwagen samt Anhänger, der im September 1990 während der Entsorgung der Fehldrucke auf die Baustelle rumpelte. Er wird in einer Aktennotiz von Mitte August erwähnt, und es existieren Lieferscheine, die sein Eintreffen in Schneeberg belegen.

Dieser Lkw sollte erst am Abend nach 19:00 Uhr am Schacht 311 erscheinen – nachdem die Transporte aus Leipzig abgefertigt waren. Seine Ladung sollte »von dem noch anwesenden Wismut-Personal mit verkippt werden«, verlautbart der Aktenvermerk. Zu einem Zeitpunkt also, an dem die Arbeiter nach Hause wollten und vielleicht weniger genau hinsahen.

Der fragliche Lkw-Schleppzug gehörte nicht der Wismut und kam auch nicht aus der Wertpapierdruckerei Leipzig. Es handelte sich um das Fahrzeug eines obskuren »Auftraggebers«, dessen Identität im Protokoll vom August nicht aufgedeckt wurde. Dort war zunächst lediglich von der Ladung die Rede: »Wertpapierrollen, rund 70 Kubikmeter.«

Erst die Lieferscheine, die der Wismut während der Entsorgungsaktion im September ausgestellt wurden, nennen den Auftraggeber beim Namen: Münze Berlin. Das war neben der Wertpapierdruckerei Leipzig der zweite Geldhersteller der DDR. In Leipzig wurden Scheine gedruckt, in Berlin Hartgeld geprägt. Laut der Lieferscheine entsorgte die Münzanstalt im Schacht 311 Münzpapierrollen – 30 Paletten am ersten Abend, 20 weitere am übernächsten. Einmal 7,5 Tonnen, dann noch einmal 5 Tonnen. 12,5 Tonnen Münzpapier insgesamt.

Das macht stutzig.

»Mmh, musste man das hier entsorgen? Es war doch bloß Papier«, meinte Andy Tauber spontan, nachdem er die Frachtpapiere herausgesucht und durchgelesen hatte. Eben.

Münzpapierrollen dienen dazu, Geldstücke einzuwickeln. Die Größe jeder Rolle ist so bemessen, dass eine bestimmte Anzahl Münzen hineinpasst, beispielsweise 50 50-Pfennig-Stücke. Nicht mehr, nicht weniger. Wurde das Geld korrekt gerollt, wusste der Kassierer, dass in dem Päckchen exakt 25 Mark in 50ern steckten.

Dass die Münzprägeanstalt einen Vorrat an solchen Papierrollen besaß, ist logisch. Es ist sogar nachvollziehbar, dass sie ihre Lagerbestände loswerden musste, denn seit der Einführung der D-Mark am 1. Juli gab es keine Verwendung mehr für die DDR-Münzrollen. Westmünzen hatten andere Maße als DDR-Aluminiumchips, man konnte sie nicht einfach in das vorhandene Münzpapier wickeln. Auch die aufgedruckten Werte – Mark der DDR – stimmten nicht mehr. Also weg damit!

Aber: Münzrollenpapier ist kein Spezialpapier. Es ist weder nass- und reißfest, noch witterungsbeständig. Es ist einfach nur Papier. Für die Münze Berlin bestand keine Notwendigkeit, zwei teure Lkw-Transporte ins Erzgebirge zu organisieren, um 12,5 Tonnen Altpapier loszuwerden. Die DDR besaß ein hervorragendes Recyclingsystem namens SERO (VEB Kombinat Sekundär-Rohstofferfassung). Warum haben die Chefs der Münzanstalt nicht einfach einen kurzen Transport von Berlin-Mitte, wo die staatliche Münze saß, nach Berlin-Hellersdorf organisiert, wo sich damals die größte DDR-Wiederverwertungsanlage befand? Verdächtig?

Dieses Argument lässt sich noch entkräften, wenn man sich die damalige Situation vor Augen führt. Mit der Wirtschaftsunion brach die Weg-

Münzgeldrollen aus der DDR: Einfach nur Papier. Musste man das durchs halbe Land karren und in einem Wismut-Schacht werfen?

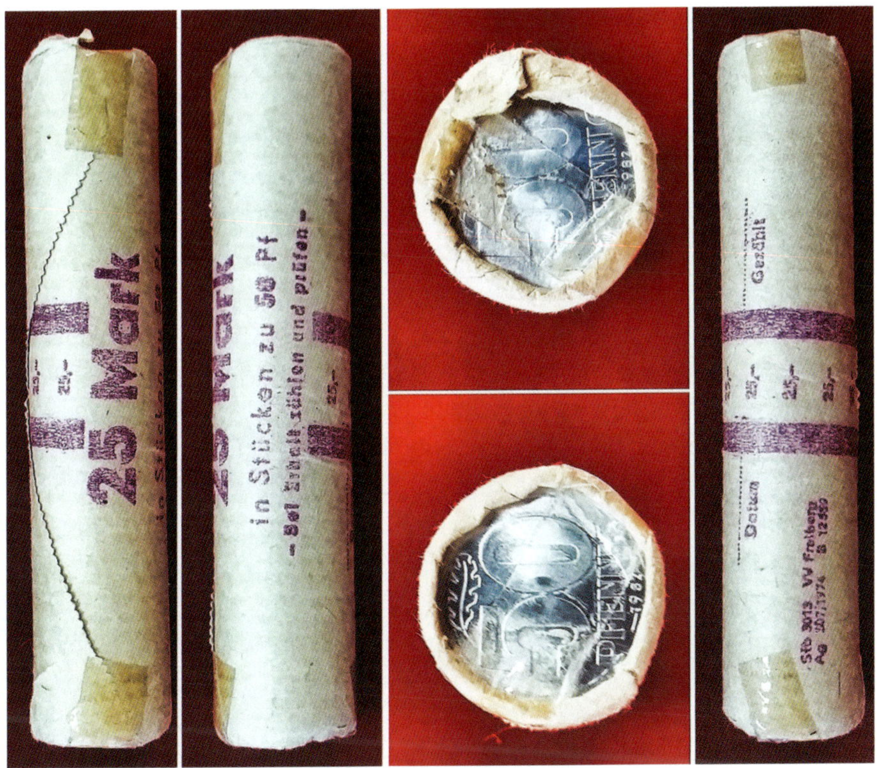

Wegen der farbigen Aufdrucke war eine Umweltunbedenklichkeitsbescheinigung erforderlich. Beim Verbrennen wäre die überflüssig gewesen.

werfgesellschaft über das Recyclingland DDR herein. Jugendliche und Rentner aus Westberlin karrten stapelweise ausgelesene West-Illustrierte in Ostberliner SERO-Annahmestellen, um sich mit den Erlösen nette Tagesausflüge zu finanzieren, berichtete *DER SPIEGEL* im Juni 1990. Im Sommer 1990 war das SERO-Altpapierlager mit 6000 Tonnen rappelvoll – und die Betriebsleiter kriegten das Zeug nicht mehr los, weil sich die Papierfabriken alte Zeitungen fast zum Nulltarif aus dem Westen liefern ließen. »Wir sitzen auf Bergen von Abfall«, klagte SERO-Sprecher Horst Henn. Das galt auch für Glas und Plastik.

Es dürfte für die Münze Berlin also schwierig bis unmöglich gewesen sein, 12,5 Tonnen Geldrollenpapier auf einmal abzustoßen, selbst wenn sie es dem VEB SERO geschenkt hätte.

Allerdings gab es eine andere Art, das Material loszuwerden, nämlich, es kurzerhand zu verbrennen. Wir erinnern uns: Die Staatsbank ließ seit 10 Jahren Altgeld in der Müllverbrennungsanlage Berlin-Lichtenberg vernichten. Das wäre eine billige Option für die Münzpapierrollen gewesen. Alternativ kam die Einäscherung in einem der zahlreichen Braunkohlekraftwerke zwischen Berlin und dem Erzgebirge in Frage. Ein Transport bis nach Schneeberg erscheint schlicht unnötig.

Ein Blick in die Frachtpapiere, die der Wismut ausgehändigt wurden, hinterlässt ebenfalls Fragen.

Im Wismut-Archiv finden sich für die Entsorgung des Münzrollenpapiers zwei sogenannte »Internationale Frachtbriefe«. Das waren offizielle Formulare mit Stempel und Unterschrift, auf denen der Transporteur (»BeSped«) ebenso eingetragen wurde wie der Absender (»Münze Berlin«), der Empfänger (»Wismut Niederschlema, Schacht 311«) und die Kfz-Kennzeichen der verwendeten Fahrzeuge (Zugmaschine »IC 92–19«/ Anhänger »IC 82–44«).

Auf dem Frachtbrief der ersten Lieferung, die am 11. September in Schneeberg ankam, ist auch das Transportgut vermerkt: »30 Paletten Papierrollen. Rückführung: Leergut«. 9000 Kilogramm wurden angeliefert, 2500 Kilogramm – die Paletten – wieder mitgenommen.

Der zweite Frachtbrief betrifft eine Lieferung am 13. September. Diesmal blieben die Spalten für das Frachtgut leer. Stattdessen wurde der Wismut ein handgeschriebener Waschzettel überlassen, auf dem »20 Paletten Münzgeldrollen« vermerkt sind. Wenn man bedenkt, dass selbst für das harmlose Münzpapier eine Umweltunbedenklichkeitserklärung vorgelegt werden musste (sie ist in Form eines Schreibens der Münze Berlin vorhanden), ist das eine auffallend laxe Handhabung des Papierkrieges bei der Anlieferung des Materials.

Na gut, letzten Endes ging es ja bloß um Altpapier, nicht wahr?

Es fällt jedoch auch ein seltsamer Datumsfehler auf. Nimmt man den Abschlussbericht für bare Münze, den die Wismut später an die Presse schickte, dann begann die Maßnahme »in der Woche nach dem 12. September«. Demnach wäre die erste Lieferung aus Berlin einen Tag *vor Beginn* der Aktion angekommen. Denn wie erwähnt erfolgte gemäß Frachtbrief die erste Anlieferung ja bereits am 11. September.

Die einfachste Erklärung für diese Diskrepanz ist natürlich, dass sich Hauptmarkscheider Eberhard Schubert in seinem Bericht an die Presse im Datum vertan hat. Da die Aktion 5 Tage dauern sollte, erscheint eine Durchführung von Montag (10. September) bis Freitag (15. September) naheliegender als ein Arbeitszeitraum von Mittwoch (ebenjener 12. September) bis Sonntag, bei dem die Wismut-Beschäftigten am Schacht 311 das Wochenende hätten durcharbeiten müssen.

Allerdings haben wir es inzwischen mit einer ganzen Reihe von Merkwürdigkeiten zu tun: Altpapier, das nicht hätte in einem Schacht versenkt werden müssen. Nachlässig ausgefüllte Frachtpapiere. Datumsdiskrepanzen. Und all das tritt ausgerechnet bei zwei Lieferungen zutage, die aus dem Rahmen fielen, weil sie nicht aus Leipzig, sondern aus Berlin kamen und auch nicht von der Wismut durchgeführt wurden, sondern mit Fahrzeugen eines fremden Auftraggebers.

Dazu kommt, dass im Vorfeld immer wieder darauf gedrungen wurde, das Schüttgut müsse restlos im Schacht verschwinden und niemand dürfe Material aus den Säcken nehmen.

Bei der Unterrichtung der Öffentlichkeit blieben dann auch noch Informationen auf der Strecke, sodass kein kritischer Beobachter vor Ort war, als es passierte. Abends nach 19:00 Uhr schon gar nicht. Das kam einem Ausschluss der Öffentlichkeit gleich, obwohl die Wismut in ihrer einen Monat später verfassten Pressemitteilung das Gegenteil betonte (siehe Kapitel V. »Ende mit Fragen. Die Aktion ›Vernichtung II‹ 1989/90«).

Und erinnern wir uns: Die Auslagerung des DDR-Geldes aus den Berliner Tresoren in den Stollen bei Halberstadt begann im April 1990 mit Medien-Tamtam (siehe Kapitel VI. »Fette Beute. Das Geheimnis der großen Scheine«). Selbst westdeutsche Blätter berichteten. Bei diesen Geldtransporten wäre eine komplette Geheimhaltung nachvollziehbar gewesen, doch lediglich das Ziel der Geldtransporte wurde vor den Journalisten verheimlicht. Schließlich ging es um den Lagerort von Milliarden gültiger Ostmark. In Schneeberg hingegen: Makulatur ohne jeden Wert. Im Vergleich zu Halberstadt wirkt die erzgebirgische Heimlichkeit gleich doppelt übertrieben.

Dies alles zusammengenommen riecht nach einer verdeckten Operation.

Ullrich Espig, der Ex-Gemeinderat aus Schlema, erinnert sich an eine eigenartige Geschichte, die ihm ein Bürger in der Nachwendezeit erzählte.

»Ich war damals Vorsitzender des Umweltausschusses, und das war häufig Anknüpfungspunkt für Gespräche, in denen mir Hinweise gegeben wurden«, sagt er. Diesmal ging es darum, dass ein Schneeberger verdächtige Aktivitäten am Schacht 311 beobachtet haben wollte. »Er erzählte, er habe dort im Gebüsch gelegen und beobachtet, wie Säcke in den Schacht geworfen wurden. Er habe Angst gehabt, weil Posten mit Hunden dabei gewesen seien, die Wache hielten.«

Das klingt nach der Aktion »Vernichtung« von 1984, für die ja dokumentiert ist, dass die Stasi nach einer Probeverschüttung 3 Wochen lang mit Schäferhunden auf dem Schachtgelände patrouillierte. Aber hat der Beobachter sein Erlebnis tatsächlich erst 6 Jahre später erzählt? Ullrich Espig verstand den Mann so, dass er sich auf *kürzlich erfolgte* Aktivitäten bezog. Leider kann der mutmaßliche Augenzeuge nicht mehr befragt werden, weil Espig ihn aus den Augen verloren hat und auch seinen Namen nicht mehr weiß.

Wachleute mit Hunden im Jahr 1990 am Schacht 311 wären ein starkes Indiz dafür, dass damals etwas nicht mit rechten Dingen zugegangen ist. So vage, wie sich die Faktenlage hier darstellt, bleibt das jedoch nur eine Geschichte für den Stammtisch.

Es gibt aber auch härtere Hinweise.

1996 gelangte der Berliner Reporter Andreas Förster in den Besitz von Unterlagen, die belegen, dass die Stasi in der Phase ihrer Auflösung im Wendefrühling tatsächlich darüber nachgedacht hatte, Geheimpapiere im noch offenen Schacht 311 zu entsorgen. Der ehemalige Offizier der Hauptverwaltung Aufklärung (HVA), Hartmut Kretschel, der 1990 für das staatliche Komitee zur Stasiauflösung arbeitete, berichtete in dem internen Papier vom 6. April über Vorabsprachen mit der Wismut. Mit der Einlagerung könne »sofort begonnen« werden. Transportkapazität und Arbeitskräfte müssten durch das Komitee gestellt werden, für Übernachtungsmöglichkeiten werde der Bergbaubetrieb sorgen.

Dazu muss man wissen, dass der Zentrale Runde Tisch, der die Arbeit der DDR-Regierung im Auftrag der Bürgerbewegung überwachte, am 23. Februar 1990 die Selbstauflösung der Auslandssparte des MfS gebilligt hatte. Während Bürgerrechtler überall im Land penibel darüber wachten, dass keine Stasiakten verschwanden, wurde die Vernichtung von HVA-Akten ausdrücklich erlaubt. Die Geheimnisse der DDR-Auslandsspionage bis hin zu Agentenlisten, aus denen hervorging, welche Personen im Westen für die DDR gekundschaftet hatten, sollten fremden Nachrichtendiensten nicht in die Hände fallen.

Der damalige Vizechef des Auflösungskomitees, Klaus Eichler, bestätigte Förster, dass man ernsthaft geprüft hatte, Akten im Schacht 311 verschwinden zu lassen. Dazu habe er seinen Mitarbeiter Kretschel zu Vorgesprächen mit der Wismut in den Bezirk Karl-Marx-Stadt geschickt.

Zwölf bis fünfzehn ehemalige Stasileute könnten die Einlagerung des Materials im Dreischichtbetrieb vornehmen, hatte Kretschel danach vorgeschlagen. Als Termin für die »Realisierung der Maßnahme« brachte er die Woche vom 17. bis zum 20. April 1990 ins Spiel.

Könnte es also bereits zu diesem Zeitpunkt eine Verschüttung am Schacht gegeben haben, deren Zeuge der Mann aus Schneeberg wurde? Der Einsatz von Hundepatrouillen zum Schutz des brisanten Materials wäre nachvollziehbar, da die Manpower des Wachregiments nicht mehr zur Verfügung stand.

Klaus Eichler, der im Auflösungskomitee für die Stasiakten zuständig war, bestritt 1996, dass der Plan in die Tat umgesetzt wurde. Es sei am Geld gescheitert. »Das gab der Haushalt des Komitees nicht her«, sagte er im Interview mit Andreas Förster. Seine Hand dafür ins Feuer legen, dass da überhaupt nichts passiert sei, wollte er allerdings nicht. Er konnte nicht ausschließen, dass die HVA etwas im Alleingang gedeichselt hatte: »Das weiß ich nicht.« Da die Geheimdienstler in der Phase ihrer Selbstauflösung faktisch ohne Kontrolle durch Bürgerrechtler agieren konnten, wäre das im Bereich des Machbaren gewesen.

Der Ex-Stasioberst Klaus Eichner (die Namensähnlichkeit mit Stasiauflöser Klaus Eichler ist zufällig), der an der genehmigten Aktenvernichtung beteiligt war, sah das 1996 anders: »Bis ins Erzgebirge mit einem Lkw-Konvoi zu fahren, das hätte damals nicht geklappt. Da hätte uns das Bürgerkomitee vorher abgefangen.« Uwe Kaettniß, ehemals Neues Forum Aue, teilt diese Einschätzung.

Aber was, wenn die Aktion nicht im politisch bewegten Frühjahr vonstattengegangen ist, sondern erst nach den freien Volkskammerwahlen, nach der Wirtschafts- und Währungsunion und im Angesicht der bevor-

Blick auf die „Stasi-Stadt" in der Berliner Normannenstraße. Hier begannen im Februar 1990 die Reißwölfe zu glühen – mit Erlaubnis des Runden Tischs.

Das Büro eines hauptamtlichen MfS-Mitarbeiters, nachgestellt im Museum in der Runden Ecke in Leipzig: Aktenschränke und ein Häcksler 80

stehenden Wiedervereinigung? Im September 1990 hatte sich die Lage deutlich beruhigt, die Stasiakten schienen unter Kontrolle, und alles taumelte dem neuen, westlich geprägten Deutschland entgegen.

Die Selbstauflösung der Hauptverwaltung Aufklärung wurde von etwa 250 ehemaligen HVA-Leuten vorgenommen. Sie waren die letzte Bastion, die zwischen den Geheimnissen der ostdeutschen Spionage und ihren westlichen Gegnern stand. Man könnte natürlich auch schreiben, dass der Runde Tisch den Bock zum Gärtner gemacht hatte.

Im Februar 1990 begannen die Liquidatoren, die Aktenschränke der Auslandsaufklärung in der Normannenstraße auszuräumen. Das Stasihauptquartier in Berlin-Lichtenberg war wie eine Stadt in der Stadt, eine Ansammlung von 29 Objekten mit 41 Einzelgebäuden. Die Hauptverwaltung Aufklärung besaß ihren eigenen Büroblock, in dem jetzt rund um die Uhr die Aktenschredder liefen.

Aber man befand sich in der DDR, in der gute Technik rar war. So soll jede Abteilung lediglich mit zwei bis drei elektrischen Reißwölfen vom Typ »Häcksler 80« ausgestattet gewesen sein. »Die dicken Akten mussten wir Blatt für Blatt durchjagen«, berichtete ein ehemaliger HVA-Mitarbeiter dem Reporter Andreas Förster. »Nach kurzer Zeit fingen die Häcksler zu glühen an, und wir mussten warten, bis sie sich wieder abgekühlt hatten.« Die originäre Tätigkeit der Stasi hatte halt mehr im Aktenanlegen als im Aktenvernichten bestanden.

Ein Ost-Häcksler nach dem anderen gab den Geist auf. Jetzt wurden die Dossiers einfach in Säcke gestopft, auf Lkw verladen und im Stasiobjekt in der Hohenschönhausener Roedernstraße in Sicherheit gebracht. Auch das war mit dem Runden Tisch so abgesprochen. In der Roedernstraße konnten die Liquidatoren schalten und walten, ohne groß kontrolliert zu werden. Und hier geschah im Frühjahr 1990 ein Wunder.

Das ausgelagerte HVA-Erbe soll 30 Lkw-Ladungen, jeweils mit Anhänger, umfasst haben. Im Stasiauflösungskomitee ging man davon aus, dass ein Lkw 100 laufende Meter Akten fasst, ein Hänger mindestens 50 laufende Meter. Das macht 4,5 Akten-Kilometer. Hochgerechnet sind das 30 Millionen Blatt Papier plus der zähen Aktendeckel. Und das alles mussten die 250 Liquidatoren irgendwie verschwinden lassen. Dabei saß ihnen die Zeit im Nacken. Durch die Volkskammerwahlen vom 18. März 1990 kam die CDU an die Macht, und es war unklar, wie sich die neuen Staatslenker zu den Absprachen mit dem Runden Tisch stellen würden. Bis zum Amtsantritt der Regierung unter Lothar de Maizière sollten daher alle Unterlagen vernichtet sein. Als Termin wurde der 30. April festgelegt. Ein sportliches Unterfangen, das angesichts der Technikprobleme zu scheitern drohte, bis – voilà! – der Ex-Oberst und HVA-Chefliquidator Bernd Fischer am 12. April in einem handschriftlichen Vermerk den Abschluss der Aktenvernichtung vermeldete.

Das war der Tag, an dem die Regierung de Maizière die Amtsgeschäfte übernahm. Eine Punktlandung. Mehr noch: In bewährter DDR-Manier war der Plan übererfüllt worden, denn die gestressten Liquidatoren hatten es allen Schwierigkeiten zum Trotz geschafft, ihr Ziel 2 ½ Wochen vor der Frist zu erreichen.

Wie hatten sie das angestellt?

Klaus Eichner, der 1990 in der Roedernstraße mit das Kommando führte, druckste, 6 Jahre später von Andreas Förster darauf angesprochen, herum: »Ich weiß das nicht so genau. Ich gehe davon aus, dass wir genug Anlagen hatten, um alles zu zerhäckseln.« Er ging davon aus? Aber Eichner war doch mit dabei und hätte es wissen müssen.

Kann also sein. Oder auch nicht.

Dagegen spricht, dass der HVA-Mann Kretschel seinen Vorschlag, Akten im Schacht 311 zu versenken, dem Stasiauflösungskomitee nur eine Woche vor der Planerfüllung unterbreitete. Wozu noch, wenn das Vernichtungswerk zu diesem Zeitpunkt schon fast getan war?

Die Möglichkeit, dass im Frühjahr 1990 trotz der Entdeckungsgefahr durch argusäugige Bürgerrechtler große Mengen brisanter Agentenakten im Schacht 311 landeten, kann nicht ausgeschlossen werden. Dem entgegen steht freilich die schiere Menge des Materials. Laut Kretschels Bericht an das Auflösungskomitee hatte die Wismut-Betriebsleitung die Ankündigung von »100 Lkw-Ladungen« ohne mit der Wimper zu zucken akzeptiert. Der Schacht konnte diese Menge locker schlucken. Doch 100 Lkw von Berlin nach Schneeberg zu schicken, ohne dass diese entdeckt wurden, klingt in der Tat abenteuerlich.

Dass nach dem 12. April noch HVA-Akten übrig waren, legt eine Untersuchung zu den Verlusten der Jahre 1989/90 nahe, die im Auftrag des

Der elektrische Reißwolf aus DDR-Produktion in der Draufsicht. Diese Geräte wurden in der Normannenstraße beim Schreddern der HVA-Akten eingesetzt (links). Die DDR hatte aber auch große Aktenvernichter. Nicht auszuschließen, dass den HVA-Leuten später in der Roedernstraße solche Geräte zur Verfügung standen. Das Foto entstand im Stasimuseum in der Runden Ecke Leipzig (rechts).

Bundesbeauftragten für die Stasiunterlagen 2020 veröffentlicht wurde. Die HVA-Akten waren darin zwar ausgeklammert, doch wurde festgehalten, dass »deren *fast* komplette Vernichtung bis zum 30. Juni 1990 bekannt ist«. Demzufolge blieben Dokumente von der wundersamen Planerfüllung verschont. Restbestände waren noch immer vorhanden.

Im Jahr 2011 legte der Politologe Helmut Müller-Enbergs eine Rekonstruktion von den Strukturen und der Arbeit der HVA vor. In seinem dicken Buch[4] stützte er sich unter anderem auf solche zum Teil erhaltenen Akten. Gut möglich also, dass im Sommer 1990 auch weitere Bestände noch fortexistiert haben. Bernd Fischers Aktennotiz, der Plan sei erfüllt, dürfte nach guter alter DDR-Manier reine Augenwischerei gegen prüfende Blicke der Regierung gewesen sein. Was (scheinbar) vernichtet ist, kann nicht mehr gesichtet und dem Klassenfeind übergeben werden.

Denkbar ist, dass sich die HVA-Liquidatoren einer Art Salamitaktik bedienten: Schreddern, was geht, und alles andere heimlich bunkern, bis man hier und da einen Lkw voll loswerden kann. Im September schlossen sich im Zuge dieser Methode vielleicht zwei Doppel-Lkw unter der Flagge der Münze Berlin den Entsorgungstransporten nach Schneeberg an.

Andreas Förster kennt einen Fall, in dem ein HVA-Mann eine Lkw-Ladung Akten aus der Roedernstraße abzweigte und dem Bundesnachrichtendienst auslieferte. Aber Schneeberg im September? Förster ist skeptisch: »In diesem Fall hätten die Akten zuvor ja 5 Monate lang versteckt werden müssen. Der Zeitraum erscheint mir zu lang.«

Allerdings hat die Hauptverwaltung Aufklärung in ihrer 39-jährigen Geschichte schon ganz andere Coups gelandet.

Und: In seinem Bericht ans Auflösungskomitee schrieb Ex-HVA-Offizier Kretschel auch, dass er die Unterrichtung der Kreisbehörde in Aue persönlich übernehmen werde. Sollte es eine abgespeckte Aktenvernichtung im September gegeben haben, könnte eine solche Absprache erklären, wieso der Landkreis eine Einladung an Presse und Bürgerrechtler unterließ.

Die ökologische Unbedenklichkeitserklärung für das angebliche Münzrollenpapier, welche die Münze Berlin der Wismut aushändigte, ist von einem »Direktor Mielke« unterzeichnet worden. Das mutet wie ein Treppenwitz der Geschichte an: Mit schönen Größen vom Ex-Stasiminister! Es dürfte sich jedoch um eine zufällige Namensgleichheit handeln. Direktor der Münze war damals offenbar ein gewisser Hartmut Mielke. Das *Biografische Lexikon der Münzmeister und Wardeine* (Anm. d. Verfassers: Münzprüfer), *Stempelschneider und Medailleure* verzeichnet ihn von 1990 bis 1996 als »Münzamtsleiter in Berlin«. Das klingt nach der staatlichen Münze. Da es diese Prägestätte heute noch gibt, hofften wir, von dort eine Bestätigung zu erhalten, dass die Stasi 1990 keinesfalls eine Geheimoperation scherzhaft signiert hatte.

Aber Pustekuchen.

»Wir bitten um Verständnis, dass wir aus datenschutzrechtlichen Gründen Ihre Frage nicht beantworten können«, wischte eine Sprecherin unsere Erkundigung nach dem Namen des Münzdirektors von 1990 vom Tisch.

Geheimniskrämerei bis zum Sankt Nimmerleinstag.

Das ist eine Haltung, die uns bei den Recherchen für dieses Buch immer wieder begegnete. Während die heutige Wismut und die Bergsicherung Sachsen offen Auskunft gaben, bissen wir bei Leuten, die damals *vielleicht* dabei waren, auf Granit.

Die in den Akten namentlich erwähnten Verantwortlichen sind mittlerweile alle verstorben, konnten also nicht mehr befragt werden. Aber da war auch noch jener Ex-Stasimann aus der Kreisdienststelle Aue, den Bürger für einen Beteiligten am Schacht 311 halten, weil er in privaten Gesprächen eine ausgezeichnete Kenntnis der Ereignisse durchblicken lässt. Offiziell befragt, machte er dicht.

Ein ehemaliger leitender Mitarbeiter der Wismut-Grubenwehr wurde uns ebenfalls als »einer, der eventuell etwas weiß« genannt. Zu einer Gesprächsrunde bei der Bergsicherung Sachsen erschien er pünktlich, um dann … nichts zu sagen. Das heißt, geredet haben wir, nach kurzer Zeit duzten wir uns sogar, aber wenn es um die Ereignisse am Schindlerschacht und am Schacht 311 ging, blockte er ab: »Da geb ich dir keine Antwort.«

Möglich, dass er nichts wusste.

Doch wieso war er dann überhaupt zu dem Termin erschienen? Er hätte sich einige Stunden Zeit sparen können, indem er klar signalisierte, keine Kenntnis über das Thema zu besitzen.

Unsere Frage, ob es bei den Aktionen am Schacht 311 wirklich bloß um Fehldrucke und Altgeld gegangen sei, quittierte er mit einem sphinxhaften Lächeln: »Wenn es die Zeitung geschrieben hat …« Es schien, als wolle er in Erfahrung bringen, was wir wissen, um uns dann eine Veröffentlichung auszureden: »Da bringen sich bloß wieder Menschen in Gefahr, indem sie probieren, in die Schächte einzudringen.« Durch meterweise Geröll und dicke Betonversiegelungen, na klar.

Eine Erklärung für die Schmallippigkeit von Zeitzeugen könnte ein Urteil liefern, welches das Kammergericht Berlin 1991 fällte. Demnach sind die früheren hauptamtlichen und inoffiziellen Mitarbeiter des MfS weiterhin zur Wahrung der ihnen anvertrauten Staatsgeheimnisse verpflichtet, sofern diese »die mit der Verfassung der DDR in Übereinstimmung stehende frühere geheimdienstliche oder nachrichtendienstliche Tätigkeit betreffen«. Diese Geheimhaltungspflicht hatte der DDR-Ministerrat am 16. Mai 1990 beschlossen – und sie gilt auch nach der Vereinigung Deutschlands weiter.

Es ist anzunehmen, dass Personen, die an den Schneeberger Vernichtungsaktionen beteiligt waren, eine Schweigeverpflichtung unterschreiben mussten, an die sie sich noch heute gebunden fühlen. Sollte der Verdacht zutreffen, dann ging es 1990 am Schacht 311 nicht darum, Schweinereien zu verbergen, sondern darum, Staatsgeheimnisse gegen ausländische

MÜNZE BERLIN

TRADITIONELLE PRÄGESTÄTTE SEIT 1280

1020 Berlin, Molkenmarkt 1-3, Eingang Rolandufer, Fernruf: 210 91 91, Telex: 114 935

Ihre Zeichen | Ihre Nachricht vom | Unser Zeichen

10. 9. 1990

Betreff:
Unbedenklichkeitserklärung

Das zur Enddeponie gelangende Münzrollenpapier ist frei von Giften und anderen gesundheitsschädigenden Stoffen. Die darauf aufgedruckten Druckfarben sind ebenfalls giftfrei. Damit ist die Gewähr dafür gegeben, daß giftige oder andere gesundheitsschädigende Substanzen bei einer langseitigen Lagerung in Kellern mit hoher Luftfeuchtigkeit nicht frei oder ausgewaschen werden und in die Luft oder in das Grundwasser gelangen können.

Bestätigt:

M i e l k e
Direktor

Berliner Kreditbank AG, Behrenstraße, Konto Nr. 6651-19-158, Kenn-Nr. 600 000

Gezeichnet Mielke: Die Unbedenklichkeitsbescheinigung für das Münzrollenpapier

Nachrichtendienste zu schützen. Das stünde selbstverständlich mit der DDR-Verfassung im Einklang und wäre sogar ein ehrbarer Grund, das Geheimnis nach wie vor zu bewahren.

Auf die Frage, ob wir dem vom einstigen Hauptmarkscheider Eberhard Schubert verfassten Bericht vertrauen können, erklärte der frühere Grubenwehrmann: »Du kannst davon ausgehen, dass der Schubert ein ganz akkurater Markscheider war.« Das war keine Antwort auf unsere Frage.

Oder doch?

Indirekt bedeutet es, dass Schubert sich damals kaum im Datum vertan haben dürfte und der erste Lkw aus Berlin am Abend *vor* dem eigentlichen Aktionsbeginn eintraf, als niemand aufpasste.

Aber das ist womöglich zu sehr um die Ecke gedacht.

Einen Weg nach unten in den Schacht 311 gibt es noch: ein schmales Rohr, das durch Geröll und Beton bis in die Schachtröhre reicht. Die Wismut hat es nach der Verwahrung eingebaut. Einmal im Jahr wird eine Kamera durch diese Kontrollöffnung hinabgelassen, um den Zustand der Schachtwände zu inspizieren. »Geldsäcke oder Dokumente haben wir dabei noch nie gesehen«, sagt Hauptmarkscheider Olaf Wallner. »Sie haben damals ja mehrere Meter Haufwerk draufgekippt.«

Auf den Geldscheinen von 1984 liegen umgerechnet 20 Meter Sand. Darüber ruhen die Fehldrucke von 1990 (und was auch immer noch dazukam). Dann folgt eine weitere Schicht Sand, 7 Meter dick, rechnet Andy Tauber aus. Die Daten hat er der Sanierungsdokumentation für den Schacht 311 entnommen, in der die Menge des verkippten Haufwerks festgehalten ist: 600 Kubikmeter 1984, weitere 280 Kubikmeter 1990. Daraus ergeben sich die genannten Schätzwerte in Metern.

Liegt zwischen all dem Dreck und Papier auch Material, dem der letzte Husarenstreich der HVA galt?

Einen Beweis stellen die Merkwürdigkeiten aus dem letzten Jahr der DDR nicht dar. Aber sie sind Auslöser einer Gedankenkette, an deren Ende eine Theorie steht, die genauso schlüssig klingt wie die offizielle Version. Beweisen lässt sich weder die eine noch die andere. Aber die Verschwörung ist natürlich spannender.

Die letzte Spur vom Schachts 311 ist diese Grundwassermessstelle.
Einmal im Jahr nimmt die Wismut hier Proben und lässt eine Kamera in die Tiefe.

Danksagung

Der Autor bedankt sich bei der Wismut GmbH für die offenherzige Unterstützung seiner Arbeit, namentlich bei Andy Tauber, Dr. Olaf Wallner, Frank Wolf und Thomas Ackermann. Mithilfe der bei der Wismut heute noch vorhandenen Unterlagen zu den Aktionen »Vernichtung« von 1984 und »Vernichtung II« von 1989/90 konnten einige Fragen, deren Antwort sich nicht in den Stasiprotokollen fand, beantwortet werden.

Dank geht auch an Marc Zirlewagen von der Kreditanstalt für Wiederaufbau, der mir kurzfristig wichtige Informationen zur Vernichtung des DDR-Papiergeldes im Jahr 1991 sowie zum Auftauchen der 200- und 500-Mark-Scheine auf dem Schwarzmarkt zur Verfügung stellte.

Endnoten

1 Ulbrich, Mario: *Rätselhafter Poppenwald,* Rottenburg 2024.
2 Anm. d. Verlages: Angehörige des Staatssicherheitsdienstes [vornehmlich in den sozialistischen Ländern] beziehungsweise der TscheKa, der Vorgängerorganisation des russischen KGB.
3 Eigentlich »Hauptverwaltung A«, wobei der Buchstabe als eine Art Ordnungszahl fungiert: »Hauptverwaltung 1«, in Anlehnung an die Spionageabteilung des KGB, »Abteilung 1«. Im Sprachgebrauch hat sich aber »Hauptverwaltung Aufklärung« durchgesetzt.
4 Müller-Enbergs, Helmut: *Anatomie der Staatssicherheit (MfS-Handbuch), Hauptverwaltung A (HVA): Aufgaben, Strukturen, Quellen.*

Bildquellen

Adobe Stock | jovannig (4, 6), Adobe Stock | scottimage (8), Mario Ulbrich (12, 21, 22, 52, 106, 110, 114, 124, 125, 130 unten, 133 rechts, 138), Stasi Mediathek: Screenshot aus Lehrfilm »Dzierzynski Soldaten« über das MfS-Wachregiment »Felix Edmundowitsch Dzierzynski« (26, 29, 30, 33, 35, 38, 39, 40), Bundesarchiv (17, 31, 44, 48, 57, 59, 62, 65, 68, 70, 72–85, 91, 98, 105, 130 oben), Wismut GmbH (55, 86, 89, 92, 94, 98, 136), IMAGO | HärtelPRESS (100, 130), Stasimuseum (133 links), Christian Werner (142).

Mario Ulbrich

Jahrgang 1964, arbeitet als Reporter bei einer großen Tageszeitung in Sachsen. 1997 gewann er den Journalistenpreis der deutschen Bundesstiftung Umwelt und 1999 einen Sonderpreis der Konrad-Adenauer-Stiftung. 2006 wurde er für die »Schlagzeile des Jahres« durch die Landespressekonferenz des Freistaats Sachsen ausgezeichnet. Seit mehr als zwei Jahrzehnten berichtet er über die Schatzsuche im Erzgebirge. Unter seinen Pseudonymen U.L. Brich und John F. Cooper hat er Action-Thriller um Alien-Geheimnisse und Abenteuerromane über Mountain Men sowie mehr als 100 Kurzgeschichten geschrieben.

Vom Autor ebenfalls erhältlich:

Rätselhafter Poppenwald

Kryptische Baumzeichen, seltsame Steine und mysteriöse Geschichten. Seit Jahren beflügelt der Poppenwald im Erzgebirge die Fantasie von Schatzsuchern und Heimatforschern und heizt die Gerüchteküche an: Wurde hier am Ende des Zweiten Weltkrieges in einem alten Bergwerk das legendäre Bernsteinzimmer versteckt? Ist der ebenfalls bei Kriegsende verschwundene Familienschatz der Hohenzollern hierher gelangt? Befand sich im Poppenwald eine geheime Anlage der Hochtechnologieforschung des Dritten Reiches? Oder ging es um die Falschgeldproduktion der Nazis? Um den Schleier zu lüften, hat der Autor mit mehr als 100 Forschern, Schatzsuchern, Zeitzeugen und unabhängigen Experten gesprochen. Nachdem die Erstausgabe von 2011 seit Jahren vergriffen ist, legt er mit diesem Band eine aktualisierte Neuveröffentlichung mit vielen neuen Informationen und Abbildungen vor.

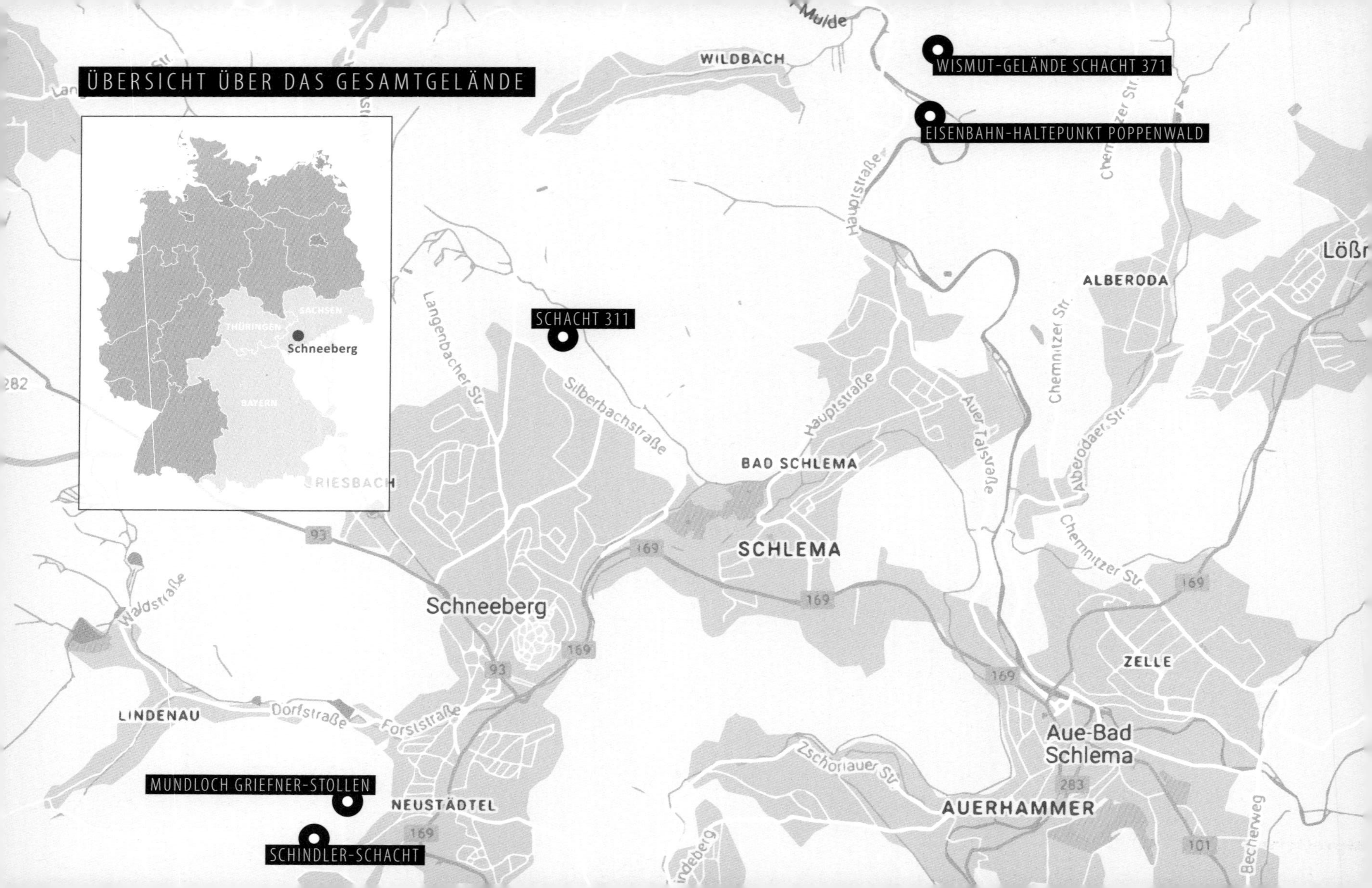
ÜBERSICHT ÜBER DAS GESAMTGELÄNDE
WISMUT-GELÄNDE SCHACHT 371
EISENBAHN-HALTEPUNKT POPPENWALD
SCHACHT 311
MUNDLOCH GRIEFNER-STOLLEN
SCHINDLER-SCHACHT
Schneeberg
SACHSEN
THÜRINGEN
BAYERN
WILDBACH
Mulde
ALBERODA
BAD SCHLEMA
SCHLEMA
ZELLE
Aue-Bad Schlema
AUERHAMMER
NEUSTÄDTEL
LINDENAU
GRIESBACH
Langenbacher Str.
Silberbachstraße
Hauptstraße
Auer Talstraße
Chemnitzer Str.
Alberodaer Str.
Zschorlauer Str.
Waldstraße
Dorfstraße
Forststraße
Becherweg
93
169
283
101
282